ANTROPOLOGIA:
OUSAR PARA REINVENTAR A HUMANIDADE

Dados Internacionais de Catalogação na Publicação (CIP)
(Câmara Brasileira do Livro, SP, Brasil)

Arduini, Juvenal
Antropologia: ousar para reinventar a humanidade / Juvenal Arduini.
— São Paulo: Paulus, 2002. — (Estudos antropológicos)

ISBN 978-85-349-1846-6

1. Antropologia filosófica I. Título.

01–3418 CDD–128

Índices para catálogo sistemático:
1. Antropologia filosófica 128
2. Humanidade : Antropologia filosófica 128
3. Ser humano : Antropologia filosófica 128

Coleção **ESTUDOS ANTROPOLÓGICOS**

- *Antropologia: Ousar para reinventar a humanidade*, Juvenal Arduini
- *Dizer homem hoje: Novos caminhos da antropologia filosófica*, Nunzio Galantino
- *Antropologia e horizontes do sagrado*, Aldo Natale Terrin
- *O bode expiatório*, René Girard
- *O rito: Antropologia e fenomenologia da ritualidade*, Aldo Natale Terrin
- *O sacrifício*, Cristiano Grottanelli
- *A mentalidade primitiva*, Lucien Lévy-Bruhl
- *A rota antiga dos homens perversos*, René Girard
- *Repensar a igualdade de oportunidades*, Patrick Savidan
- *O labirinto sagrado: ensaios sobre religião, psique e cultura*, Marcial Maçaneiro
- *Antropologia teológica*, Urbano Zilles

JUVENAL ARDUINI

ANTROPOLOGIA:

OUSAR PARA REINVENTAR A HUMANIDADE

PAULUS

Direção editorial
Paulo Bazaglia

Editoração, impressão e acabamanto
PAULUS

1ª edição, 2002
7ª reimpressão, 2014

Rua Francisco Cruz, 229 • 04117-091 São Paulo (Brasil)
Fax (11) 5579-3627 • Tel. (11) 5087-3700
www.paulus.com.br • editorial@paulus.com.br

ISBN 978-85-349-1846-6

APRESENTAÇÃO

Este livro contém uma constelação de significados que procuram suscitar nova consciência e ativar energias latentes, para que se defenda e se promova a humanidade como valor prioritário.

A espécie pensante possui potencial criador capaz de germinar novo mundo, onde todos os seres humanos possam conviver e crescer. E a sociedade poderá ser diferente e melhor do que tem sido até agora. Para isto, há que deixar a apatia e levantar perspectivas inovadoras que reprogramem o existir e o agir dos povos. Vasta parcela da humanidade não tolera mais ser desrespeitada. E clama por futuro mais justo e mais solidário.

Para superar barreiras e responder a desafios, é necessário combinar ternura com rebelião, articular pensamento crítico com ação concreta, associar subjetividade autônoma com visão pluralista.

Urge acordar uma insubmissão autêntica. Assumir compromisso radical com a justiça e com a solidariedade. Acreditar no "amor que não se alegra com a injustiça". E reivindicar a voz daqueles que são obrigados a sofrer calados.

A audácia madura é indispensável para elaborar a história da emancipação, e não mais a história da servidão. É hora de cultivar uma paixão obstinada para reabilitar a humanidade ecumênica. O *Ecce Homo* de hoje é chamado a *re-inventar-se*. Não pode fugir, nem trair. Há que ousar para não perecer.

Capítulo I
PARADOXO

Paradoxo

O ser humano é ambivalente. Conhecido e estranho, próximo e distante, transparente e opaco. O ser humano canta e protesta, dança e agride, congrega e dispersa. O ser humano é diáfano e indevassável, lúcido e nebuloso, acessível e inabordável. Circula pelas ruas, mas também recolhe-se na intimidade. O ser humano expande-se festivamente e tranca-se amargamente. É lógico e ilógico.

O ser humano é linguagem pluriforme. Fala e silencia, grita e emudece, gargalha e enclausura-se. O ser humano é palavra ofertada e palavra recusada. E recusar a palavra aos outros é rejeitá-los. O ser humano é fonte exuberante de comunicação, e também núcleo rígido de incomunicação. Comunicabilidade e incomunicabilidade são duas faces do existir humano. O ser humano é diálogo fecundo e monólogo estéril.

O ser humano é torrente de amor. Amar é expressão de vida, êxtase, paixão, impulso vital. É *Eros*. Mas o ser humano pode também gotejar ódio feroz. O ódio é filho de *Tânatos*. O ser humano é mistura de *Eros* e *Tânatos*. Quando o amor se perverte, converte-se em ódio implacável. Seres que se amavam apaixonadamente passam a odiar-se rancorosamente. E o "amante" chega a assassinar o "amado".

O ser humano é fértil em criações. Cria vida, saúde, pão, paz, ciência, tecnologia. Mas o ser humano é também niilista. Incinera o mundo. Basta ver a guerra. O ser humano constrói maravilhas, mas também pode arrasá-las. Planta a semente e desintegra a germinação.

Pai luta para ter filho; e pai estupra a carne de sua carne. Mãe sangra para sustentar o filho; e mãe abandona ou estrangula o recém-nascido.

O ser humano sente necessidade de convivência e solidariedade. Mas é também anti-social. A discriminação, o fanatismo e o sectarismo esfiapam o tecido da sociabilidade. O ser humano fascina. As pessoas seduzem pelo amor e pela beleza, pela inteligência e pela bondade. Mas também as pessoas intimidam e ameaçam com violências e assassinatos. O ser humano cativa com afeição e algema com servidão.

O ser humano é águia altiva que recorta horizontes vastos. E é também verme que rasteja. O ser humano empolga pelos avanços científicos e históricos, e frustra pela vulgaridade e pelo aviltamento. A fronte do ser humano roça a face de Deus, mas seus passos escorregam na lama. O ser humano dignifica-se pela fidelidade e abastarda-se pela traição.

O ser humano é paradoxo antropológico. Muitos exaltam a grandeza do ser humano. Outros muitos lhe estigmatizam a vileza. O ser humano não se define por conceito matemático. É seqüência de contrastes. É campo de "joio e trigo". É ser em devenir. Pode acertar e pode errar. Pode fazer-se e desfazer-se. Mas abriga potencial para re-fazer-se. O ser humano é capaz de eliminar o ódio, a perversidade, a destruição. E pode propulsar energias criadoras inteligentes que amadureçam a consciência, redirecionem a liberdade, cultivem o amor, promovam a justiça, efetivem a solidariedade e assumam a responsabilidade.

O ser humano é oscilante. É paradoxo. Avança e recua, atrai e expulsa, ergue-se e recai, edifica e pulveriza, arrisca-se e amoita-se. O ser humano não é apenas herança. É decisão. É gênese existencial. É conquista de todos os dias. Lidar com o ser humano é lidar com o paradoxo.

Superação dialética

Pode-se dizer que filosofia é hermenêutica do significado. Interpreta a realidade para compreender-lhe o sentido. A filosofia busca o significado "arqueológico" do ser humano, como quer Michel Foucault. Muitos usam o ser humano em vez de compreendê-lo.

Para compreender o ser humano é preciso vê-lo como processo, como fenômeno em andamento. A visão fixista estratifica o ser humano e mumifica-lhe o real significado. O ser humano pulsa, está em mutação. É cachoeira de decisões. Jamais concluído. Todorov diz lucidamente: "O homem é ser incompletamente determinado, potencialmente bom e potencialmente mau. Tudo é possível. Nada é certo".[1] O ser humano pode avançar ou recuar, endireitar-se ou entortar-se, afirmar-se ou negar-se. Abriga potencial para construir e para arruinar.

O ser humano é mistura de bem e de mal, de solidariedade e de egoísmo, de afirmação e de negação. É *Eros* e *Tânatos*, é vida e cinza, é amor e ódio, é justiça e injustiça, é inocência e malícia. O ser humano morre para defender causa justa e mata para salvaguardar interesses injustos. Não é estereotipado. É oscilação. Dança entre ser e não-ser, escorrega entre assumir e fugir.

Há que manter a perspectiva da mistura, e não do dualismo. Costuma-se separar a humanidade entre bons e maus, entre ilibados e culpados. É a falsa dicotomia dos "dois lados". Do lado de cá, estão os bons e os puros. Do lado de lá, estão os maus e os sujos. Esse dualismo é ingênuo e discriminatório. Os bons olham os maus com superioridade, e os maus olham os bons com náusea. Rigorosamente, não há banda de puros e banda de impuros. Cada ser humano é mistura de bem e de mal, de trigo e de joio, embora a dosagem do bem e do mal possa variar de pessoa para pessoa. Aqui vigora a dialética, e não o dualismo.

O ser humano é protótipo de dialética. Vive a contradição entre o bem e o mal no cerne de sua existência. O confronto dialético não existe apenas entre o bando dos perfeitos e o bando dos malvados. Trava-se sobretudo entre o crescer e o fenecer dentro da pessoa. Há lutas entre grupos e sistemas, mas aqui salientamos o conflito dilacerante entre a força construtiva e a força destrutiva na medula do existir pessoal. No ser humano há potencial ontogenético que gera o ser, e há potencial niiligenético que espalha a devastação do nada. Luta entre ser e não-ser.

[1]Todorov, T. *Le Jardin Imparfait*. Grasset, Paris, 1998, p. 293.

Por não estar totalmente determinado, o homem é essencialmente mutável. É *Metá-noia*, termo grego que significa "mudança" no pensar, no sentir, no agir, no conviver. *Metá-noia* tem profundo sentido filosófico, psicológico, ético e teológico. É expressão que convida o ser humano a transformar-se para converter o mal em bem, o servilismo em libertação, o ódio em amor, a degeneração em regeneração. Se o ser humano cultivar, dentro de si, a ruína que esfarela a vida, o joio que envenena o trigo, o nada que incinera o crescer, estará precipitando sua própria demolição.

O ser humano desafia a si mesmo. É potencial grandioso em luta com potencial trágico. É dialética antropológica explosiva. Sartre dizia que o homem "está condenado a ser livre". Acrescentaríamos que o ser humano está condenado a superar-se. A extrair afirmação de sua negatividade, a extrair emancipação de sua dependência, a extrair audácia de sua timidez, a extrair clamor de seu silêncio, a extrair criatividade de sua inércia, a extrair ser de seu nada, a extrair vida de sua agonia. O ser humano responde aos desafios, com a superação dialética.

Contágio tanatológico

Tânatos é tido como deus da morte. É filho de *Nix*, a noite. *Sísifo* conseguiu algemar *Tânatos*. E, durante certo período, a morte cessou de devastar a vida da humanidade. Entretanto, *Zeus* decidiu libertar *Tânatos*, que, desalgemado, eliminou *Sísifo*. E, então, *Tânatos* voltou a espalhar as forças mortíferas pelo mundo.

Tânatos distribui a morte "natural" provocada pela velhice, por doenças e acidentes meteorológicos. Nessa área, *Tânatos* mantém-se moderado porque os avanços científicos estão favorecendo a vida humana. Mas, em outras áreas, *Tânatos* demonstra fôlego e apetite, e age com fúria. Não lhe basta repartir o "morrer" lentamente. Tem pressa. Mata com voracidade. *Tânatos* atiça chacinas e extermina multidões barbaramente. E a eficiência tanatológica está crescendo disparadamente.

Matar tornou-se prática rotineira. Programam-se chacinas. Mata-se com frieza, cinicamente. Executam-se existências de forma hedionda. Assassina-se para humilhar vítimas. Esbagaçar o ser humano é festa. O código manda matar com arrogância, para ostentar poderio, exibir valentia e arrotar impunidade. Matadores profissionais, bandidos sofisticados e, até, detentores de cargos públicos assassinam e esbanjam orgasmo tanatológico. Babam de prazer mórbido. Usufruem felicidade de monstros. Amedrontam e silenciam testemunhas. O império de *Tânatos* desafia a sobrevivência da humanidade.

Há o contágio tanatológico. *Tânatos* oferece a pedagogia do homicídio. Propaga a mentalidade assassina e ensina a matar. Difunde-se a crença de que matar é coisa banal, é “normal”. As pessoas são contaminadas pela ferocidade destrutiva. Introduz-se a cultura do assassinato. E não falta o culto ao exterminador, ao ditador sanguinário.

Um fenômeno deve preocupar a quem não perdeu o sentido de humanidade. *Tânatos* mata com a violência das armas. E mata também com a violência da servidão, do desemprego, do salário insuficiente, da desnutrição, da doença e do pânico. E pode acontecer que o contágio tanatológico consiga encharcar os brasileiros de ódio e crueldade. E aí será uma tragédia. É oportuno lembrar que *Tânatos* tem coração de ferro e entranhas de bronze. É impiedoso. A contaminação tanatológica pode metalizar a consciência dos brasileiros e despojá-los do senso de humanidade. Seríamos povo sem alma, sociedade barbarizada. A rápida propagação de práticas cruéis já constitui sintoma alarmante.

Perante o cenário tanatológico, alguns se sentem assustados e revoltados. Outros permanecem perplexos e entorpecidos. *Hipno* era o “sono” que adormecia as pessoas. *Hipno* tem o poder de hipnotizar, anestesiar a sociedade. Curioso é que *Hipno* era irmão gêmeo de *Tânatos*. A mitologia sugere que *Hipno* adormece os clientes e *Tânatos* mata-os. A sociedade que se mostra insensível em relação a tantos assassinatos parece sonolenta, hipnotizada. Bernard Durel diz que “o mal muito propagado hoje é a apatia”.

É hora de despertar para atalhar o surto tanatológico que ensangüenta casas, ruas, praças, bairros e famílias. E reconhecer que o país tem problemas graves e crônicos que exigem soluções radicais. É imprescindível descobrir e extirpar as causas que desencadeiam o extermínio de tantos seres humanos. É urgente ativar a paixão biofílica, que fomenta o amor à vida, para sustar a demolição tanatológica.

Capítulo II

HOMEM E TEMPO

Pós-modernidade

Somos pós-modernos. A pós-modernidade é fenômeno recente. Emergiu da insatisfação perante a modernidade. O prenúncio da pós-modernidade pode ter sido Nietzsche, que alardeou a supremacia de Zaratustra, e prometia o "fim das verdades velhas" e a "transmutação dos valores" em *Crepúsculo dos ídolos*. A pós-modernidade teve vários afluentes. Husserl procura intuir as essências, Kierkegaard resgata a existência concreta, Jaspers caça a existência inobjetiva, G. Marcel sublinha a intersubjetividade, Bloch levanta o "princípio-esperança". A Escola Crítica de Frankfurt fustiga a "razão instrumental" por meio de Horkheimer e Adorno, e propõe a "ação comunicacional" por meio de Habermas. Ultimamente, Lyotard interpreta a moral "volatizada" e Richard Rorty reivindica nova "Arché".

A partir de 1980, intensifica-se a era da informática, explode o surto místico-psíquico-religioso e instaura-se a globalização neo-capitalista. A pós-modernidade revela aceleração histórica. O filósofo Lyotard diz que "hoje a vida anda depressa". O ser humano sente-se acossado pelos acontecimentos e atropelado pelas inovações tecnológicas.

Há setores na pós-modernidade que preferem a intuição à racionalidade, a experiência subjetiva aos sistemas metafísicos. Cultivam o emocionalismo, o sincretismo, o prazer. Mas toleram a economia desumana que deteriora populações inteiras.

A pós-modernidade emparelha vertentes solidaristas e vertentes individualistas. Apresenta grandes conquistas e grandes devastações. Por isso, o senso crítico deve distinguir entre o que é recente e o que é válido. O recente pode ser construtivo e também pode ser nefasto. Nem sempre o "último lançamento" é o melhor. Na pós-modernidade, há inegáveis avanços e selvagens retrocessos. Espetaculares conquistas científico-tecnológicas. Mas aumentou a violência, ampliou-se o desemprego, agravou-se a miséria e disseminou-se a prostituição infantil. Poderíamos justificar essas iniqüidades alegando que são pós-modernas? Podem ser pós-modernas, mas criminosas. Podem ser atuais, mas perversas. Nesta questão, o critério de julgamento não é cronológico, mas é o nível da qualidade de vida sociocultural da população.

Não devemos destilar pessimismo nem refugiar-nos no passado. Somos pós-modernos. Vivemos no presente, vivemos o presente. Mas também devemos viver contra o presente que arruína a humanidade. Não poderemos aderir gregariamente à última novidade, seja econômica, tecnológica, cultural, moral ou religiosa. O que importa é impulsionar tudo o que realiza o ser humano. E desterrar tudo o que o desrealiza. O significado da pós-modernidade deverá ser avaliado pelo que está acontecendo ao ser humano.

Reinventar-se

Urano gerava filhos e os devolvia ao útero da esposa *Géia*, para que eles não lhe tomassem o trono. Revoltada, *Géia* entregou uma foice ao filho *Krónos*, que amputa a genitália do pai, *Urano*. *Krónos* esposa a irmã *Réia* e gera filhos. Advertido de que os filhos o destronariam, *Krónos* engole-os à medida que nascem.

Krónos é semanticamente *Khrónos*, o tempo. É imagem do tempo porque gera e engole os filhos, como o passado engoliu o presente e o presente vai engolindo o futuro. É o fluir, a sucessão cronológica, a passagem do tempo.

O tempo influi nos acontecimentos, mas o homem pode mais. *Khrónos* é o tempo, a duração. *Ánthropos* é agente criador. O homem trabalha o tempo e organiza o universo com inteligência. E faz história. A humanidade tende a hipervalorizar o tempo. Projeta suas aspirações no tempo. Espera que o tempo lhe traga a felicidade. Contudo, transferir ao tempo o que é produzido pela humanidade é alienação. E adiar para o futuro o que se deveria fazer no presente é fuga.

O agente histórico é o homem, e não o tempo. Durante o mesmo período de tempo, pode haver grandes conquistas e grandes retrocessos, pode ser criada nova técnica para curar enfermidades e também nova técnica para mutilar vidas. Na mesma época, coexistiram a terna Madre Teresa, de Calcutá, e o cruel Augusto Pinochet.

A questão fundamental não é perguntar o que o tempo nos trará. A questão vital é definir o que a humanidade irá construir. Se história de vida ou de morte, se história de crescimento ou de ruína. Não basta assistir ao desfile do tempo. Há que agir ousadamente. Há que planejar e criar nova humanidade. Ricoeur diz que Goethe reescreveu o Prólogo de João, ao afirmar: "No princípio era a ação". O filósofo Vattimo revela: "Minha existência leva-me a entrar ativamente na história". E o teólogo Schillebeeckx lembra que Deus confiou ao ser humano a função de *Abad*, que, em hebraico, significa "cultivar". Cultivar é prolongar a criação. É germinar nova história. É preencher carências.

A preocupação humana deve concentrar-se no *Kairós*. *Kairós* é decisão radical. É optar, assumir e realizar. *Kairós* é salto histórico. Rompe com o passado, estala estruturas, revolve consciências e muda vidas. A cronologia mede o curso do tempo, sem ponderar situações humanas e desumanas. A kairologia avalia a situação concreta em que se encontra a humanidade. E mostra as condições reais em que a humanidade se realiza e as condições em que se *desrealiza*. O olhar de *Kairós* enxerga aqueles que transitam pelas amplas estradas. E enxerga também aqueles que estão encostados à beira das estradas. *Kairós* impacienta-se porque o tempo passa, e grande parte da humanidade continua "engolida" pelas crateras do sofrimento, da miséria e do desespero.

Importa buscar caminhos para nova gênese humana. É necessário ser *Kairós*, e não apenas *Khrónos*. Ser ruptura e não apenas continuidade. A ilusão cronológica leva a pensar que mudança do tempo significa mudança de vida. Entretanto, verifica-se que o tempo corre e muda, mas os sistemas políticos e econômicos perversos permanecem imutáveis.

Não basta mudar o curso do tempo. Há que mudar a vida da humanidade aviltada. É urgente construir a história da justiça, em vez da história da desigualdade; construir a história da dignidade, em vez da história da miséria; construir a história da maioria silenciada, em vez da história da minoria falante. A história não está encerrada nem lacrada. E a sociedade brasileira há de acelerar o ritmo de gênese. E ter ousadia para reinventar-se.

Fatalismo cronológico

No cosmo, a primazia cabe ao ser humano. O devenir humano é movido pela antropogênese, e não pela cronogênese. Não é o tempo que define o rumo da vida. É o ser humano que planeja e conduz a existência, bem ou mal.

Atribuir os acontecimentos históricos e as situações sociais ao tempo leva ao fatalismo cronológico. A mentalidade do fatalismo cronológico transforma o tempo em fetiche e esvazia o ser humano. A mágica do tempo criaria leis, instituições, igualdade e desigualdade, riqueza e miséria, conquistas e catástrofes. A história da humanidade seria produto mecânico do cronologismo.

O fatalismo cronológico difunde a crença da imutabilidade histórico-social. Leva a acreditar que o tempo traça o destino humano. Dessa forma, os grupos fracos e dependentes sentem-se impotentes. E as vítimas sociais não teriam força para modificar a sociedade que as esmaga. Não adiantaria lutar contra o tempo. Por isso, os que se enriquecem com a atual sociedade injusta tentam mostrar que é inútil querer transformá-la. Nada imobiliza tanto os empobrecidos como incutir-lhes a falsa idéia de que é impossível mudar o país.

Mas a verdade é outra. Leis, organizações, programas governamentais, tramas políticas, desemprego, privilégios de uns e carências de outros, reformas e medidas protecionistas são produtos de decisão e ação de pessoas, de grupos e nações. Setores organizados lutam ferozmente para impedir mudanças sociais, para sobrepor seus lucros às necessidades da população. Não há fatalismo cronológico. Pode haver banditismo social, político e econômico em plano nacional e internacional.

A grande preocupação deve ser o homem, e não o tempo. A questão medular é a deterioração sociobiológica a que está submetida grande parte da humanidade. E as soluções não serão fornecidas pela cronologia, pois a humanidade pode varar séculos e continuar sendo devorada pela miséria. A solução terá de vir de pessoas, de grupos e povos que decidam lutar para que as sociedades sejam redefinidas, replanejadas e recriadas. Não se pode tolerar que o fatalismo cronológico imobilize a sociedade.

Há que cultivar a reflexão e a práxis "emancipatória", de que fala o filósofo J. Habermas. O ser humano precisa desalienar-se, adquirir senso crítico, decidir-se e participar. Não pode transferir sua responsabilidade ao tempo. Em todo ser humano existe potencial emancipatório. Também o morador de rua contém energia emancipatória que deve ser ativada.

O potencial emancipatório não se deixa enganar nem manipular. Às vezes, importa ser "incrédulo". Não se deve acreditar em impostores. Teríamos grande avanço se milhões de empobrecidos e discriminados se mostrassem incrédulos perante os mistificadores da humanidade. A força emancipatória há que levantar a autonomia antropológica subterrânea que reside em cada ser humano, também nos espoliados. É urgente desabafar os reprimidos e sublevar a autonomia que está sendo degolada pelo sistema cruel que domina o mundo. Em todo ser humano há protagonismo ontológico que deve assumir posições na linha de frente da história. A criatividade resoluta estala o fatalismo cronológico, fazendo germinar a humanidade que ainda não somos, mas que havemos de ser.

Decisão criadora

Perante o tempo, nossa atitude deve ser mais de iniciativa do que de expectativa. Há que tecer os acontecimentos, em vez de esperar que surjam automaticamente. Importa ser agente e não só espectador da história. O fatalismo cronológico esvazia a ação humana, porque atribui ao tempo a destinação histórica. Com essa mentalidade, o ser humano apassiva-se. Espera de braços cruzados. Aguardar pode ser cômodo, mas não é eficaz.

O sujeito da criatividade é o ser humano, e não o tempo. A matriz criativa, consciente e livre é o pulso da humanidade. Transferir o potencial criador ao tempo seria suicídio antropológico e falência histórica. Confiar a feitura da história ao tempo é alienação. É perder a identidade humana que origina entes e valores.

O filósofo Jurgen Habermas abre análise elucidativa. Em seu livro *Textos e contextos*, lembra que Hitler, Charles Chaplin, Wittgenstein e Heidegger nasceram no mesmo ano de 1889, mas criaram "destinos" diferentes e, até, opostos. Hitler foi o ditador feroz, exterminador de milhões de vidas humanas. Chaplin, em nome da inteligência e da liberdade, estigmatizou o tirano com o filme *O grande ditador*. Wittgenstein nasceu de família judaica. Especialista em matemática, tornou-se filósofo da linguagem. Paradoxal. Místico, angustiado, Wittgenstein escreve a Bertrand Russel: "Sinto-me a um passo da loucura". Heidegger foi filósofo do *Sentido do ser*. Pensador denso, referência obrigatória para a filosofia. Não demonstrava tormento psicológico, como Wittgenstein. Mas cortejou o nazismo.

São quatro figuras históricas nascidas no mesmo ano, mas com biografias heterogêneas e contrastantes. Isto mostra que seres humanos da mesma época podem construir rumos, vidas e histórias com significados diferentes e até contraditórios. Embora ajudada pela sucessão cronológica, a humanidade define-se pela decisão antropológica. O fundamental não é o fluir do tempo, mas a *Diákrisis*, ação de decidir. É a *Diákrisis*, a decisão criativa que gera história, cultura, economia, política, educação, tecnologia e transformação de sistemas. Se o tempo plasmasse a humanidade, os habitantes da mesma era seriam todos iguais.

Não se espere que o tempo, por si, traga a solução dos problemas "crônicos". Tem-se repetido que temos dívida social a resgatar no país. Contudo, o tempo passa, a economia cresce, a informática avança, riquezas concentram-se, mas a dívida social amplia-se porque se agravam a desigualdade e a miséria. A dívida social é mesmo "crônica", isto é, perdura no tempo. Alonga-se com o tempo. Se a duração do tempo fosse solução, já seríamos povo muito mais justo. É mistificação cronológica dizer: "Ainda não chegou a hora das soluções". A hora de solucionar problemas graves já chegou e foi desperdiçada muitas vezes. Não se cobre do tempo a solução que deve vir da sociedade.

Nossa gente reclama *Diákrisis*. Exige decisão corajosa e iniciativa criadora para gerarmos outra história, outra vida, outra esperança. Este é o apelo fascinante que deciframos no rosto padecido de nosso povo injustiçado, mas ainda não desesperado.

Capítulo III

ANTROPOSSEMIA

Mina de significados

A antropossemia refere-se ao "significado do homem". Busca a compreensão da existência pensante e dialogal. Sonda a identidade profunda do ser consciente. A identidade do ser humano está em crise. O homem está sendo programado pela ciência, modificado pela engenharia genética, superado pelo mercado, dessorado pelo ecologismo, submetido a critérios tecnológicos. Afinal, quem é o ser humano?

Conceitos tradicionais sobre a identidade do ser humano estão estremecidos. Até a definição clássica do homem como "ser racional" passa por revisão. Contudo, a crise da identidade antropológica tem seu lado positivo porque nos convida a repensar criticamente conceituações tidas como intocáveis. A verdade parcial e unidimensional não contempla a verdade abrangente da totalidade essencial do ser humano.

A crise da identidade pessoal obriga-nos a caçar o significado profundo e complexo que lateja na medula da espécie humana. O ser humano possui múltiplas dimensões, atua em várias frentes, escolhe rumos diversos e gera situações inéditas. O ser humano transcende esquemas, estala códigos e desoculta texturas subterrâneas. A crise de identidade do ser humano tem seus riscos. Mas é travessia que pode suscitar novo alvorecer da consciência antropológica.

O ser humano é surpreendente, imprevisível. Não é retilíneo. É dialético. Ziguezagueia. É contradição fecunda. O ser humano é *in-*

exato. Atormenta a exatidão matemática. Tratar com o ser humano é tratar com o imponderável, o misterioso. Nada tão fatigante como esperar que o ser humano se decida.

O ser humano é universo espesso, é ontologia intensiva. É fascinado pela consciência, que o desnuda e depois o esconde. É seduzido pela liberdade, que lhe escancara horizontes mágicos e depois o responsabiliza.

O ser humano é versatilidade. É polivalente. É pendular. O ser humano pode acertar ou desacertar, assumir ou fugir, aventurar-se ou acovardar-se, dialogar ou ensimesmar-se, libertar ou escravizar. O ser humano pode semear lealdade ou pingar hipocrisia, defender a inocência ou alastrar a malícia, respeitar os direitos humanos ou espoliar o trabalhador, louvar a Deus ou blasfemar a Fé. Ao exaltar o ser humano, não se esqueça sua vulnerabilidade. Ao apequenar o ser humano, não se esqueça sua grandeza.

O ser humano é mais do que parece ser. Há no ser humano algo maior que o leva a ser mais verdadeiro, mais justo, mais criativo, mais arrojado, mais responsável. O ser humano pode transcender-se. Pode ser mais do que tem sido até aqui. Apesar de falhas e derrotas, a humanidade tem muito mais semblante de madrugada do que de ocaso.

Afinal, quem é o ser humano? É ser inconcluído. É pulsação original. É interpelação inquietante. É ser movediço. É existência peregrina. É identidade dançante. É rebuliço antropossêmico. Mina de significados.

Projeto existencial

O ser humano é a realidade fundamental em nosso cosmo. É universo ontológico. E deve ser visto e tratado como prioridade. Defender o legítimo antropocentrismo não é praticar antropolatria. Alguns colocam a prioridade no mercado, no poder, na especulação financeira, no lucro. Mas isso hipervaloriza elementos de ordem instrumental e deprecia o significado maior que é o ser humano. Cada ser humano é nexo de consciência, de decisão, de criatividade e responsabilidade. Mesmo esmagado, o ser humano é gente, e não mercadoria.

O ser humano é projeto antropológico. Nasce iniciado, mas não concluído. Desenvolve-se gradativamente. Estrutura-se por escolhas livres e por ações pessoais. Em grande parte, o ser humano faz-se por si mesmo. Há de perguntar-se quem é e quem deseja ser, pois não basta existir. É preciso conferir sentido ao existir. Enquanto projeto, o ser humano é chamado a superar ambigüidades, a escolher rumo construtivo, a definir a identidade pessoal, a autoprogramar-se e a optar pelas causas humanas substanciais.

Na tarefa de autocriar-se, o ser humano não pode ser substituído por outros. Elabora-se a si mesmo. Contudo, pode e deve ser ajudado por agentes e fatores sociais. Mas continua a ser o artífice principal na efetivação de seu projeto existencial.

Há setores que procuram interferir no projeto existencial e social das pessoas. Tentam substituir o projeto pessoal pelo projeto do sistema vigorante. Temem que o ser humano adote posição autônoma, e contrarie os interesses do modelo dominante. Sabem que o ser humano, por frágil que seja, é "perigoso". O projeto de vida independente ameaça a padronização. Com argúcia, François Wahl escreve: "Todo sujeito subverte aquilo que o precede, faz ruptura e salto". Por isso, os donos do mundo apressam-se a impedir que surjam projetos antropológicos subversivos.

Para sufocar o projeto original autônomo, adotam-se pedagogias massificantes. Procura-se adaptar as pessoas às normas existentes e levá-las a reproduzir-se como cópias da situação predominante. Enquadra-se o rebanho humano no código uniformista. Impõe-se à população o paradigma oficial. E quem diverge do "consenso" é condenado como herege. Assim, o mundo continua a ser o mesmo, dominado pelos mesmos, usado pelos mesmos, usurpado pelos mesmos.

É hora de provocar a emersão do ser humano autônomo. É hora de suscitar a consciência crítica, que não se deixa enganar. É hora de fermentar a reflexão emancipatória que se mantém insubmissa. É hora de amadurecer um projeto original que levante gerações de seres humanos independentes e responsáveis. É hora de encorajar o ser humano a concretizar seu projeto de vida comprometido com a justiça, com a solidariedade, com a igualdade social e com a dignidade humana. E comprometido com a erradicação da injustiça, da violência, da miséria e da exclusão humana.

Há soluções políticas, econômicas, científicas e tecnológicas. Mas a solução fontal é o ser humano. Para isso, é preciso que o ser humano queira ser solução. Queira ser gente.

Subjetividade madura

Todo ser humano é subjetividade. A subjetividade é núcleo que integra consciência, liberdade, dialogalidade, criatividade, afetividade e responsabilidade. Subjetividade é fulcro antropológico. Na subjetividade o ser humano afirma-se como sujeito e emancipa-se como pessoa.

Cada subjetividade é única, não se repete. Subjetividade é irredutível, não pode renunciar a dimensão alguma de seu ser. Subjetividade é insubstituível, não se troca por outra, porque não é objeto ou cifra.

A subjetividade foi projetada pela cultura da Idade Moderna. Expoentes da subjetividade foram Descartes, Kant, Montaigne, Rousseau, Jaspers, Gabriel Marcel, Habermas, entre outros. A subjetividade é valor humano substancial. É a articulação subjacente da existência humana. E não deve ser avaliada por meio de visões distorcidas. Subjetividade não é subjetivismo. O subjetivismo reduz a subjetividade ao intimismo e exclui a realidade exterior. Subjetividade não é idealismo. O idealismo é concepção abstrata que deduz o mundo real a partir de idéias, enquanto a subjetividade é sujeito concreto inserido no tecido da história. Subjetividade não é individualismo, narcisismo, culto do próprio "eu". Afirmar a subjetividade própria não é esquecer ou negar os outros. Subjetividade não é hermetismo, mundo fechado. É universo aberto ao diálogo. Por isso, a filosofia tem acentuado a "intersubjetividade", que é o encontro existencial entre sujeitos humanos. Subjetividade não é imanentismo estreito que dispensa a comunicação com o transcendental ou religioso. Por natureza, a subjetividade possibilita o diálogo com o Outro absoluto. Para dialogar com Deus é preciso ser pessoa. Não basta ser coisa.

A subjetividade é processo. Félix Guattari encarece a "produção da subjetividade". É necessário desenvolver, cultivar e amadurecer a subjetividade. Segundo Guattari, a produção homogenética, repetitiva, da subjetividade reproduz a cópia da sociedade atual com suas falhas e injustiças. Guattari propõe a produção heterogenética da subjetividade, que mude o padrão tradicional e promova novas formas de vida, de procedimentos, de éticas e compromissos sociais. É a subjetividade "complexa e polifônica", que oferece propostas com tonalidades socioculturais diferentes.

É urgente formar e ativar subjetividades densas e atuantes. A subjetividade madura é esteio antropológico nas oscilações da sociedade. Importa fomentar a subjetividade que tem a coragem de assumir-se pessoalmente e de comprometer-se socialmente com a justiça radical. Vale a filosofia de E. Bloch: "A potência subjetiva faz os homens serem produtores conscientes de sua história".

A tendência atual é esvaziar a subjetividade para reduzi-la a objeto. E se é objeto, o sujeito humano pode ser tratado como coisa, e ser removido da sociedade como restolho incômodo. Tende-se a substituir a subjetividade pelo lucro, pelo mercado, pela especulação financeira. Com razão, escreve o respeitado teólogo europeu Dietmar Mieth: "Homens sem mercados não têm futuro. Mercados sem homens têm".[1] E esclarece: "Não é a observação que é cínica, mas sim a situação".

É necessário ser subjetividade e não só ter subjetividade. Há que lutar para que a subjetividade tenha primazia na constelação socioeconômica. Importa ser subjetividade consciente, livre, criadora, emancipada e solidária. Subjetividade rebelada perante a perversidade social que tem sido abonada pela conivência do poder.

[1] *Concilium*, 270 – 1997/2, p. 162.

Mentalidade utilitarista

Mentalidade é modo de ver, interpretar e avaliar o mundo, a humanidade, os fenômenos sociais e os procedimentos pessoais. A mentalidade pode ser global e segmentária. Pode abranger o todo ou apenas uma parcela da realidade. Mentalidade pertence à subjetividade porque é a perspectiva sob a qual o ser humano enxerga o mundo. Revela a posição que a pessoa adota perante a objetividade. E essa posição pode variar, de acordo com a ótica dos observadores.

A mentalidade pode traduzir fielmente o universo enfocado. Mas também pode mostrá-lo distorcido. Para expressar autenticamente o mundo real, a mentalidade deve manter vivo o senso crítico.

Atualmente, avança a mentalidade utensilista. Essa mentalidade vê o ser humano como "utensílio", como instrumento. Avalia o ser humano como utilidade. Substitui a ontologia antropológica pelo utilitarismo grosseiro. Seu critério para medir a estatura humana é o "útil", e não o "ser". A mentalidade ontológica entende o ser humano como autonomia que pensa, dialoga, decide, cria cultura e assume responsabilidades. Ao contrário, a mentalidade utensilista conceitua o ser humano como objeto, como instrumento produtivo, como jogo lucrativo. Para a mentalidade utensilista, o ser humano não é centro pessoal, não é sujeito de direitos inalienáveis. É fator que rende vantagens, mas não reivindica direitos nem merece respeito.

A mentalidade utensilista desmedula o ser humano. Esvazia a densidade antropológica. O ser humano é reduzido a mercadoria. E quando cai em desuso, é retirado das prateleiras do mercado e substituído por produtos mais modernos.

Flagrantes exemplos da mentalidade utilitarista prosperam em nosso mundo. Há o ser humano "dispensável". Milhões de trabalhadores são despedidos porque já não são mais "úteis" às empresas. Ser humano "oneroso". Aposentados e idosos não produzem e acarretam despesas. Deixaram de ser "úteis". Ser humano "estorvo". Meninos de rua atrapalham o comércio e molestam os adultos. Não são "úteis". Há que espantá-los e quiçá eliminá-los. Ser humano "perigoso". Líderes organizam comunidades para a defesa de seus direitos. Mas não são "úteis" aos interesses do sistema oligárquico dominante. Mais eficaz é acusá-los, trancafiá-los e, às vezes, assassiná-los. Ser humano "incômodo". Criaturas esfarrapadas sujam as ruas e enfeiam a cidade. Não são "úteis". São lixo a ser removido pelo serviço de "Limpeza Pública". Ser humano "exterminável". Multidões de pobres e mendicantes. Não são "úteis". Serão gradativamente exterminados pela fome e pela enfermidade. A miséria que mata pobres é uma "bem-aventurança" do utilitarismo.

A mentalidade utilitarista não é ficção. Não é invenção pessimista. Aparece na imprensa, nas atitudes sociais e na banalização do ser humano. Infelizmente, a mentalidade utilitarista tem numerosos adeptos. Alguns explícitos, outros disfarçados. Mas quem não abastardou a consciência há de resistir à coisificação do ser pessoal. É necessário rejeitar o utilitarismo que reduz o ser humano a mero subproduto de interesses mercantilistas.

Navegar águas profundas

Através de séculos, ampliou-se e aprofundou-se a compreensão da dignidade do ser humano. Houve maturação da consciência antropológica. Mas, atualmente, estamos sofrendo perigosa regressão a respeito do valor do ser humano.

Impressiona a insensibilidade perante os assassinatos. Sangue humano barbaramente derramado, recoberto pela impunidade conivente e pelo conformismo popular. O neopragmatismo está reduzindo o ser humano a penca de interesses mesquinhos. A economia de mercado avalia o ser humano como máquina produtiva e como consumidor lucrativo. O ecologismo medíocre, distinto da ecologia autêntica, nivela todos os entes da natureza e cancela a saliência antropológica. Corrente norte-americana, já difundida aqui, considera os pobres como culpados pela pobreza, em vez de reconhecê-los como vítimas da miséria estrutural. O fisiologismo político descarado está ensinando como se barganha o ser humano, como se compra e se vende o caráter.

Procedimentos desse teor banalizam o ser humano. E quando o ser humano é desvalorizado, faz-se dele o que se quiser. Pode-se constrangê-lo, desempregá-lo, calá-lo, escravizá-lo, desmobilizá-lo e mantê-lo injustiçado. E até exterminá-lo para favorecer interesses sórdidos e para garantir o bem-estar de grupos privilegiados. E, depois, transportam-se os cadáveres em caminhão de lixo, como aconteceu, tristemente, em metrópole brasileira.

Apesar da realidade deprimente, temos de reconhecer e defender o valor original e intransferível das pessoas. O ser humano é valor primacial no mundo. Possui dignidade congênita, que não lhe foi outorgada por sistemas políticos e econômicos. Ninguém tem o direito de anular a dignidade inata ao ser humano. Mais que espécie natural, o ser humano é espécie cultural. Interpreta o universo, transforma a natureza, planeja a sociedade, cria sistemas de vida e muda a história.

O filósofo J. F. Lyotard analisa a existência aparente, controlada por mecanismos externos, e a existência que escapa ao controle e é livre. A existência aparente é superficial. A existência não controlada é "segunda existência". É existência medular e indevassável. É "região misteriosa e secreta". Diz Lyotard: "O direito à segunda existência deve ser reconhecido a cada um, e respeitado". E reafirma: "Deve-se reconhecer à segunda existência seu direito absoluto, pois é ela que confere direitos aos direitos". E anuncia: "A última senha deixada pelo humanismo é: o homem só é homem pelo que o excede".

Felizmente, pensadores da estirpe de Lyotard enxergam e projetam a dimensão profunda, oculta no ser humano. É mediocridade apostar em determinismos sociais, em negociatas políticas, em engrenagens tecnológicas, em oligarquias arcaicas enfeitadas de modernidade. Há que mergulhar na existência humana "misteriosa", e contar com a inteligência criadora, com a liberdade fecunda e com mãos limpas. É necessário encorajar a insurreição da "segunda existência", que reclama o direito à dignidade radical. É hora de largar a superfície banal e navegar águas profundas da existência humana. Nessas águas, o ser humano não se afoga. Respira fundo e revitaliza-se.

Perspectiva holística

Ultimamente, houve surto holístico. O holismo radica-se no filósofo grego Parmênides, do fim do século VI e começo do século V a.C. Parmênides foi revolucionário porque deslocou a filosofia do cosmo, cosmologia, para a filosofia do ser, "ontologia". Platão admirava-o como filósofo "venerando e terrível". Em seu poema filosófico, Parmênides descreve o "Ser" como *OLOS* (*Holos*), que significa *Todo, inteiro, completo*. Ouçamos o filósofo: "O ser é incriado, imperecível, é um Todo, imóvel e sem fim, é tudo junto... É um todo inviolável, completo por toda parte".[2] Aí, a remota nascente do holismo.

A filosofia de Parmênides sobre o ser prolongou-se em Platão, e sobretudo em Aristóteles. No século XIII, Santo Tomás de Aquino retomou o ser na linha aristotélica. No século XX, Jacques Maritain revitalizou a análise do ser. Heidegger dedicou-se à filosofia do ser a partir de Parmênides e de outras matrizes. Michel Foucault propôs a "ontologia da atualidade". E Gianni Vattimo está trabalhando a ontologia da atualidade para superar a metafísica dedutivista.[3]

Grande contribuição holística veio de Teilhard de Chardin, falecido em 1955. O "Ser" em Parmênides era um Todo perfeito, mas imóvel e imutável. Chardin vê o universo como Todo evolutivo, orgânico e dinâmico. É um Todo em movimento, em gênese. Diz Chardin: "A Vida é massa solidária. A Vida terrestre é vista formando um Todo específico".[4] E explica que a humanidade chegou à fase da "planetização" que é "a passagem à totalidade, o salto da Evolução sobre si mesma, é a Terra pan-organizada".[5] E conclui: "Não podemos ser nós mesmos, senão totalizando-nos uns aos outros".[6]

A legítima concepção holística afasta a fragmentação e o uniformismo. O fragmentarismo estilhaça o cosmo, fraciona o uni-

[2]*Apud* Reale, G. *História da Filosofia*, I, p. 49.
[3]*Que Peut Faire la Philosophie de son Histoire?*, Ed. Seuil, Paris, 1989, p. 173.
[4]Chardin, T. III, p. 138.
[5]Chardin, T. V, pp. 222-223.
[6]Idem VII, p. 125.

verso em pedaços desarticulados. O uniformismo funde os seres em massa homogênea e nivela as realidades diferenciadas.

O holismo autêntico mantém o universo como Todo entrelaçado, mas diversificado. A consistência do holismo reside na articulação de um Todo orgânico e harmonioso que preserva a identidade de cada ser. Em Congresso Holístico Internacional, José A. Gaiarsa dizia: "Democracia é o direito de cada um ser diferente de todos os demais".

A visão holística é horizontal e vertical. Horizontal porque abriga a totalidade dos seres que compõem o mundo. E vertical porque capta a densidade de cada ser, respeita o significado de cada filamento e de cada pessoa. O ser humano é parte do Todo cósmico. Mas é também um "Todo" consciente que sintetiza o cosmo. Pela sua concentração ontológica, o homem é originalidade específica, inteligente e criadora.

A ecologia há de ser antropocêntrica. Ecologia centrada no homem. Se devemos preservar a natureza ambiental, haveremos de preservar ainda mais a natureza humana. Se devemos impedir a poluição, a ecodegradação, haveremos de impedir ainda mais a deterioração humana, a antropodegradação. Devastar o ser humano é crime maior do que devastar a natureza ambiental. Seria contra-senso falar em preservação da natureza vegetal e animal, e negligenciar a vida do povo que está sendo demolida pelas carências básicas. Não há como preservar o homem sem a natureza. E muito menos preservar a natureza sem o homem.

Para unificar o mundo, o holismo não precisa reduzir o ser humano a bactéria, nem promover o tronco florestal a cientista. Todos os seres têm seu lugar no cosmo. Mas não têm o mesmo lugar. Seria trágico mutilar o ser humano para garantir um Todo maciço. O ser humano está inserido no mundo. Mas é capaz de conferir sentido ao mundo. É clave holística da orquestração planetária.

Pólo energético

O ser humano está em permanente elaboração. É seqüência de escolhas, de passos e ações. É autogênese interminável. Montaigne concebe o homem "não como ser, mas como passagem". E Tzvetan

Todorov diz que o ser humano é "ondulante". Não é ponto fixo. Oscila no balanço da vida. Seu pensamento mergulha na verdade sublime e seus pés empoeirados arrastam-se pelas veredas. É cedro resistente aprumado e caniço vergado pela ventania. Pode ser consciência densa ou rala.

Fichte diz que há seres humanos de consciência "dispersa" e seres humanos de consciência "autônoma" ou condensada. A consciência dispersa é movida a partir do mundo circundante, é conduzida pelos procedimentos dos outros. Não decide a partir de si. É seduzida pelo ambiente. A consciência condensada age a partir de si mesma. É consciência espessa, consistente, autônoma. Age segundo seus próprios critérios. A consciência dispersa é dependente dos outros, e a consciência condensada é emancipada, move-se com independência. A consciência dispersa é mimética. *Mimetés* é o imitador que copia as atitudes externas. É consciência rarefeita. A consciência condensada possui subjetividade sólida, define-se e atua com responsabilidade própria. A consciência dispersa é reflexo. Reproduz o estilo de vida dos outros. A consciência condensada preserva a identidade original da pessoa. Afirma-se como centro de decisão.

Temos herança cultural que nos deixou traços de consciência dispersa. Herdamos hábitos da colonização, da escravatura e da elite oligárquica. Essa herança introjetou no consciente e inconsciente nacional o culto ao senhor, ao autoritarismo e ao estrangeiro. E isso dilui a consciência do brasileiro e enfraquece-lhe a resistência.

A consciência dispersa não permite que o ser humano se realize em si e por si. A realização pessoal faz-se por compensação. O ser humano projeta suas aspirações em ídolos, atletas e personalidades famosas. Muitos se sentem realizados quando seus ídolos triunfam, e sentem-se frustrados quando seus ídolos são derrotados. Há ídolos antropofágicos que transformam seus admiradores em vítimas. Ídolos que devoram a vida dos súditos. Adeptos fanáticos cultuam o ídolo, e depois vão lamber o vazio.

Em cada ser humano há potência subjetiva capaz de afirmar-se e de realizar-se. O povo brasileiro precisa olhar para dentro de si, e não apenas para fora. Olhar para seus valores, sua criatividade, sua tenacidade, sua dignidade, seus direitos, suas conquistas e sua emancipação. O brasileiro precisa acreditar em seu talento real, sem ufanismo. Mas não acreditar naqueles que o seduzem e depois o traem. O sistema dominante procura manter a mentalidade social dependente, amedrontada e alienada, para que o povo não se fortaleça e não se rebele. Há que promover a concentração existencial livre e criadora, para que todo ser humano consiga decidir e agir, a partir de si mesmo. E não a partir dos critérios de outros. No mundo de hoje, cada pessoa é chamada a ser núcleo de autonomia. E cada povo há de ser pólo energético que orienta e impulsiona sua própria história.

Pensar e agir

A realidade pode ser enfocada pela ótica fragmentária e pela ótica articulada. A posição fragmentária focaliza aspectos da realidade, enquanto a posição articulada abrange o todo da realidade. A visão fragmentária dissocia teoria e prática, e a visão articulada integra saber e agir.

"Teoria" é ver, pensar, raciocinar, conhecer. "Prática" é ação, práxis, realização concreta. A mentalidade fragmentária parcela o conjunto. Alguns preferem a teoria e rejeitam a práxis. Outros preferem a prática e refugam a teoria. A mentalidade articulada associa teoria e prática, pensar e agir, conhecer e produzir. A teoria pode oferecer a amplitude da verdade e a prática pode oferecer a ação da mudança. Essa postura estabelece reciprocidade entre pensamento e ação, entre ver e fazer, entre projetar e edificar. Teoria e prática deveriam andar juntas, e não divorciadas. A separação entre teoria e prática gera incoerência que prejudica a ciência e a vida. Por isso, é importante a articulação que une o ver e o fazer, que engloba teoria e prática.

É atual o que diz Karl Marx na *Tese 11 sobre Feuerbach:* "Os filósofos nada mais fizeram do que interpretar o mundo de vários modos. Ora, o que interessa é transformá-lo". É um chamado para agir e transformar a realidade desumana, e não apenas contemplá-la ociosamente.

O cientista Stephen Jay Gould fala em "trágico otimismo". O cientista estuda a evolução da humanidade, e diz que, em geral, a sociedade vê os problemas humanos e percebe as necessidades sociais. Isto é motivo de "otimismo". Mas J. Gould acrescenta que esse otimismo tem seu lado "trágico", porque a humanidade reconhece os problemas graves, mas não se dispõe a solucioná-los. E, então, cava-se grande distância entre o saber e o agir.

O trágico é que o sistema econômico sabe que há miséria hedionda, mas não promove a transformação da sociedade. A política sabe o que é preciso fazer para eliminar a injustiça, mas não o faz. O governo sabe que a fome deteriora a população, mas continua a ignorar as necessidades vitais dos desnutridos. Conceituados economistas demonstram que é possível erradicar a pobreza. Mas não são ouvidos.

É necessário superar o "trágico otimismo" com o "otimismo militante". Este otimismo luta para mudar situações que humilham o ser humano, e arrisca-se para impedir que o "futuro seja fatalidade cruel".

Não basta saber que há milhões de seres humanos demolidos por carências impiedosas. É preciso aplicar o saber em soluções humanizantes. Há que fazer o que se pensa. Urge articular o pensar e o agir. Pensar sem agir redunda em esterilidade. E agir sem pensar resulta em ativismo descabeçado. A humanidade atual é chamada a pensar lucidamente e a agir coerentemente.

Logos e eros

Compreender o ser humano é desafio permanente. A realidade do ser humano ultrapassa as análises mais profundas e as interpretações mais ousadas. O ser humano é mais do que tudo que já se disse sobre ele. Sua radicalidade escapa às conceituações culturais. É reserva ontológica inesgotável. O ser humano é fugitivo, mostra-se e esconde-se. O filósofo Gilles Deleuze vê a imanência do ser humano como "Rizoma, haste subterrânea, linha de fuga". O ser humano não se deixa codificar.

Logos e *Eros* são dimensões densas e dinâmicas do ser humano. *Logos* é racionalidade, *Eros* é afetividade. *Logos* é pensamento, *Eros* é emoção. *Logos* busca a verdade, *Eros* acorda sentimentos. *Logos* é o universo do conhecimento, *Eros* é o universo do prazer. *Logos* leva a pensar, *Eros* leva a amar. *Logos* é inteligência que caça segredos nas conchas cósmicas, *Eros* é impulso irrequieto que atiça a paixão de viver. *Logos* planeja, calcula, avalia, *Eros* oferta gratuidade e chega a ser perdulário. *Logos* economiza a vida, *Eros* esbanja a vida. *Logos* contabiliza gastos, *Eros* reparte os últimos grãos do alforje.

Logos e *Eros* são dimensões diferentes, mas integradas. Somos *Logos* e *Eros* simultaneamente. A atitude disjuntiva dualiza o ser humano. É excludente. Ou *Logos*, ou *Eros*. Essa posição considera que *Logos* e *Eros* não se conciliam. Opta-se pela inteligência ou pelo amor. Daí decorre antropologia pessimista que, em certos momentos, deprecia a inteligência e, em outros momentos, desvaloriza a afetividade. Para alguns, a inteligência é perigosa e causa males com o saber científico. Para outros, o amor é louco e produz transtornos. Por isso, há quem busque o saber sem o amor. E há quem busque o amor sem a inteligência.

A atitude conjuntiva associa *Logos* e *Eros*, inteligência e sentimento, ciência e prazer. É postura positiva porque reconhece o valor da racionalidade e da afetividade. Salvaguarda *Logos* e *Eros* como dimensões essenciais da existência humana. Pensar e amar interpenetram-se.

A atitude sinergética vai mais longe. É inter-inclusiva, desenvolve reciprocidade orgânica entre *Logos* e *Eros*. *Logos* clarifica *Eros*, e *Eros* aquece *Logos*. *Logos* e *Eros* misturam seus dinamismos. Dessa forma, *Logos* habita *Eros*, e *Eros* irriga *Logos*. E, assim, teremos *Logos* erótico e *Eros* lógico. A racionalidade ilumina a pulsação afetiva, e a emoção confere ternura à reflexão crítica. A inteligência deixa de ser fria e calculista. E o amor deixa de ser cego e destemperado. Inteligência e amor são funções sinergéticas que se interfecundam.

A partir daí, o diálogo adquire maior expressão e amplitude. Em geral, entende-se diálogo como fenômeno apenas intelectual. É o diálogo da palavra, do conhecimento, da ciência. Mas esse diálogo é restringente. Além do diálogo lógico, há o diálogo erótico. O diálogo erótico manifesta-se no amor, nos sentimentos, na amizade, na solidariedade, no prazer, na sexualidade. O diálogo lógico raciocina, fala, argumenta. O diálogo erótico é presença amorosa, silêncio atento, encontro interpessoal. Muitas discussões racionais e acusações irracionais teriam soluções mais humanas e menos cruéis, com a prática do diálogo erótico. O cruzamento dos diálogos lógico e erótico provoca o pensamento emocional e a afetividade racional, a ciência sensível e a sexualidade sábia. Aí está perspectiva sedutora que nos convida a cultivar a inteligência amorosa e o amor inteligente.

"O resto é silêncio"

O príncipe Hamlet está transtornado e confessa: "Meu espírito está enfermo". Hamlet descobre que seu pai, rei da Dinamarca, foi assassinado pelo irmão dele, Cláudio. Após praticar o fratricídio, Cláudio apodera-se do reino dinamarquês e esposa a viúva do rei. Então, Hamlet intenta vingar-se do tio que lhe matara o pai e lhe seduzira a mãe viúva.

Áulicos do rei fratricida e da rainha "incestuosa" tentam acalmar e domesticar Hamlet. Arguto, Hamlet apresenta uma flauta a Guildenstem e pede-lhe que a toque. Este responde que não sabe tocar flauta. Nesse momento, Hamlet acusa os áulicos de quererem tocá-lo como se fora instrumento, mas sem entendê-lo. "Aspiram a arrancar o coração de meu mistério, pretendem tirar-me sons, da nota mais baixa até a mais alta. E apesar de haver música, excelente melodia, neste pequeno instrumento de sopro, não podem fazê-lo falar. Julgam que sou mais fácil de ser tocado do que uma flauta, mas não sabem tocar-me."

Aí está uma das páginas mais belas e mais profundas do imortal *Hamlet*, de Shakespeare, com significado sempre contemporâneo. Freqüentemente, reduz-se o ser humano a instrumento a ser tangido. O mais grave é que não se sabe tocar esse "instrumento" fascinante, porque não se capta a "excelente melodia" que perpassa o universo humano.

Seres humanos que estão a nosso lado, que desfilam apressados pelas ruas ou se enfurnam na solidão carregam, em si, sonoridade, notas alegres e tristes, júbilo ou elegia, festa ou pranto, utopia ou desespero, sorriso ou desolação, louvor ou cólera. Tudo está "no coração do coração", como diz Hamlet.

Na vida das pessoas há fontes estuantes, apelos transcendentais, sofrimentos submersos, mágoas caladas, angústias soterradas, aspirações desfolhadas, injustiças indigestas, protestos reprimidos, palavras engasgadas, conflitos dilacerantes. Tanta música não tocada.

Há muito som aprisionado no interior da humanidade. E, para entender a pulsação sonora escondida nas pessoas, não basta escutar. Exige-se auscultar. Sondar notas ponteadas. Intuir o murmúrio que não estala em gargalhadas nem em choro desconsolado, mas apenas cicia, entremostra-se, reponta e logo se retrai.

As pessoas não querem que as interpretemos com pena, mas que compreendamos os dramas que vivem. As tragédias que sangram. A música existencial, a música sufocada, a música proibida. Existe a tendência a ditar normas aos outros, antes de entendê-los. Sem auscultar-lhes os problemas, define-se o que devem ser e o que não devem ser, o que devem e o que não devem fazer. O vezo de fiscalizar emudece a sonoridade interior. A pressão asfixia o sopro musical. A desumanidade massacra o grito lancinante. A incompreensão não deixa falar. É a tragédia hamletiana.

Falta a arte de sonorizar a melodia inarticulada no subterrâneo humano. Falta saber "tocar" a musicalidade que sussurra no recôndito de cada existência, para que se torne história pessoal.

Ferido por espada envenenada, Hamlet pede a seu amigo Horácio que explique aos outros sua real história: "Narra a verdade sobre mim aos que não sabem". E morre, dizendo: "O resto é silêncio". Este silêncio não é o nada. Às vezes, o silêncio não é "resto". Mas é "tudo" o que ficou indecifrado. É véu que envolve a melodia humana oculta, que não pôde ser tocado pela flauta, porque não foi auscultada pela humanidade insensível. Humanidade surda.

Jogo da vida

A dimensão lúdica é essencial ao ser humano. É a dimensão do jogo, da recreação, do brinquedo, do belo e da alegria. O jogo desenvolve-se por intermédio de formas muito diversificadas.

Jogo cósmico da criança. Heráclito dizia que o curso do mundo é uma criança que joga. E o teólogo Maltmann escreve: "Não é Atlas que carrega o mundo aos ombros, mas o menino que tem o globo terrestre na mão". O mundo é o brinquedo da criança.

Jogo de linguagem. O original filósofo Wittgenstein analisa a linguagem como jogo. Para ele, na linguagem há um tecido de jogo que vai além das palavras. É jogo do sentido existencial, social e religioso que se esconde nas entranhas da linguagem. Há que entender esse jogo.

Jogo da alegria e da seriedade. Aristóteles diz: "Joga-se por motivo de recreação". Harvey Cox salienta que jogo é simultaneamente júbilo e seriedade. Seriedade não é tristeza, mas responsabilidade. E o jogo reúne festividade e responsabilidade.

Jogo da sabedoria. A sabedoria bíblica diz que estava junto de Deus antes da origem do mundo, e que "brincava na presença de Deus".

Jogo da criação. O Gênesis é jogo que trabalha o caos e faz surgir a maravilhosa sinfonia das estrelas, das águas, da terra, das plantas, dos animais, do homem e da mulher. "E Deus viu que isso era bom."

Jogo da religião. O historiador holandês J. Huizinga publicou, em 1938, o livro *Homo ludens*, em que estuda a ligação entre o jogo e a religião, em diversas culturas. E verifica-se que a ação sacral dos ritos religiosos constitui jogo de grande significado cultural.

Jogo da oração. O filósofo Hugo Rahner descreve a oração como jogo: "No jogo, o espírito se prepara para acolher o inacreditável, para ser aliviado dos fardos e ser livre, divino". O autor fala na "magia" que busca futuro diferente. É o jogo da oração prospectiva.

Jogo da liturgia. Romano Guardini diz que "viver liturgicamente é jogo sagrado, é brincar como fazia Davi, que dançava diante da arca da aliança". E pergunta: "Não será a eternidade a realização perfeita desse jogo?".

Jogo terapêutico. Em *Caosmose*, Félix Guattari propõe que o terapeuta "mantenha o face a face lúdico com os pacientes". E que no processo terapêutico haja "liberdade de jogo e gestão coletiva de jogo".

Jogo ontológico. O filósofo hermeneuta Hans-Georg Gadamer vê o jogo como "fio explicativo da ontologia". O jogo fala mais do que o sujeito que joga. Jogo é permanente movimento. O rolar da bola simboliza o jogo. E a lição sábia e atual do filósofo: "A seriedade que há no jogo é o que permite que o jogo seja inteiramente jogo. Quem não leva a sério o jogo é um desmancha-prazeres".

Jogo do amor. O jovem Eros andava pela noite escura debaixo de chuva diluviana. Todo molhado, é recebido em casa por Anacreonte. Depois de aquecido, Eros brinca. Retesa o arco e dispara a flecha no hospedeiro. Eros delira com risadas adolescentes. E comemora: "Meu arco está inteiro, mas teu coração está partido". Jogo do amor. Jogo que embebeda. Jogo que dedilha as cordas mais profundas do ser humano.

Jogo da vida. Em *As leis*, Platão diz que "a vida deveria ser vivida como um jogo". Jogo não deve ser distração escapista. É forma intensa de viver. O ser humano carrega na alma a necessidade lúdica. Se não jogar, enlouquece. O povo joga para comemorar festas e vitórias. E joga também para enterrar derrotas, para afogar sofrimentos, para engolir injustiças. Este jogo, que encobre frustrações, expressa também o jogo da revolta abafada.

Jogo, pode-se ganhar ou perder. Alguns jogos podemos perder. Mas não podemos perder o jogo da vida.

Capítulo IV
AUDÁCIA

Insistir

O fenômeno humano é ambivalente. Pode insistir e desistir. O desistir abandona compromissos e larga decisões. O insistir persevera na busca de metas e de realizações.

Há desistir legítimo. Desistir de erros e crimes é salutar. Desistir de um projeto, por motivos sólidos, é válido. Há o desistir forçado pela impossibilidade ou por barreiras intransponíveis. Há desistir nocivo. Desistir por fuga é escapismo. Desistir por medo é encolher-se. Desistir por neutralidade é *equilibrismo* que pretende agradar a todos. O desistir adesista troca uma posição por outra mais rendosa. O desistir cúmplice abandona o caminho ético para associar-se a tramas perversas.

Há forte tendência para desistir, em vez de insistir. Basta surgir um tropeço para desistir. Contudo, é necessário superar o hábito de desistir. Não se pode desistir por comodismo, por indiferença, por evasão. Não se deve desistir antes da hora. É preciso insistir na busca de valores humanizantes. Insistir é fecundo. A cultura do insistir deve prevalecer sobre a cultura do desistir. Desistir pode ser fácil, mas a solução pode morar no insistir. Nosso país tem sofrido porque se desiste quando se deveria insistir. Há causas justas que não podem ser abandonadas. É urgente insistir na defesa da vida, na luta pela justiça, pela igualdade, pela erradicação da pobreza, pelos direitos fundamentais, pela dignidade humana. Insistir profeticamente em posições eclesiais que, embora bloqueadas, são autenticamente evangélicas. Há que insistir infatigavelmente na mudança do sistema nacional e mundial, que é desumano.

Desistir pode ser armadilha. Desistir por desânimo é passividade. Desistir para lucrar mais é *argentarismo*. Desistir para espoliar o trabalho é parasitismo. Desistir porque há bandalheiras é favorecer os malandros. Desistir da ética é atiçar a clientela da corrupção. A desistência dos que lutam pela humanidade justa empolga os mercadores que reduzem seres humanos a objetos banais. Quando se desiste de trabalhar pelos direitos do povo, abre-se espaço ao bando dos vampiros sociais. E quando se desiste de lutar pelo atendimento das necessidades básicas, ampliam-se os ranchos da miséria. Quando se desiste da verdade, gargalha a mistificação.

Há que insistir com lucidez e destemor. Insistir obstinadamente. É preciso passar da tradicional desistência para a ousada insistência. É tempo de sustentar com decisão as causas humanas, sociais e cristãs que reivindicam os direitos básicos da humanidade. Desde o pão na mesa até a emancipação nacional. Insistir na luta contra o extermínio humano, contra a fome, contra a violência, contra o desemprego, contra a desigualdade, contra o sofrimento injusto. Nesse contexto, desistir é trair. Desistir, quando se deveria insistir, é machucar a consciência, é perder pedaços da existência. Desistir sem razões fundamentadas é covardia. Desistir pode truncar uma vida.

Resistir é gesto de bravura. É não capitular. Mas insistir é mais do que resistir. Insistir é avançar. É conquistar novas posições. Há que sacudir o mormaço da desistência. É hora de definição. Desistir ou insistir? Insistir sempre, sem recuar, sem fugir, sem trair. Insistir até o último aceno da vida.

Ousar ou perecer

Hoje, muitos se sentem estarrecidos com a seqüência de escândalos, de corrupção e do crime organizado. Há espanto e insegurança. Situações injustas e imorais desafiam a sociedade. É hora de ousar.

Ousar é mover-se e agir com destemor. Ousar é desprender-se do lugar onde se está. Ousar é desamarrar-se, é lançar-se, é atirar-se a um projeto. É atitude corajosa, é ímpeto arriscado. Ousar é buscar o novo. Ousar é fenômeno futurista.

Ousar é emergir da quietude, é largar o estupor. É sair da neutralidade e definir-se. Ousar é romper o imobilismo. Ousar é derrubar os muros da iniqüidade. Ousar é recriar uma sociedade que está em decomposição.

Ousar é salto existencial. Os existencialistas, como Karl Jaspers, falam em *Ursprung*, que é o princípio, o surto original, a irrupção criadora. Ousar é experimentar outro caminho, é tentar outra saída.

Ousar é suscitar o acontecer. O filósofo François Wahl diz que "é preciso pensar no acontecer". Ousar é fazer acontecer, e não ser empurrado pelo tempo. Ousar tem o sentido de "inventar", de descobrir o escondido ou de criar o inexistente. Ousar é mergulhar no tumulto das possibilidades. É edificar nova fase histórica e nova estrutura social.

Há o ousar da criminalidade. Delinqüentes de vários tipos usam inteligência e tecnologia para a prática de atividades nocivas. Assaltam, corrompem, matam, negociam cargos públicos, prostituem menores. Alguns circulam impunes, com ares patrióticos. É preciso escorraçar a ousadia sociopática das quadrilhas e máfias criminosas. E também evitar o ousar ingênuo, imaturo e aventureiro. O ousar maduro é temperado pela liberdade e responsabilidade. Fundamenta-se em razões sólidas e orienta-se pelo senso crítico.

O ousar maduro demonstra insatisfação perante desacertos econômicos, políticos, sociais, culturais e éticos. O ousar autêntico é constituído de tenacidade, risco e solidariedade. Tem a bravura de quebrar padrões mumificados e de expor-se às fúrias dos incomodados.

Ousar é promover a dignidade da pessoa humana que está sendo violentada pela crueldade e envergonhada pela miséria. Ousar é abrir clareiras que permitam enxergar horizontes fecundos para o futuro da humanidade. Ousar é rebelar a população que vem sendo cronicamente enganada, eleitoralmente manipulada e socialmente excluída. Ousar é sustentar que o poder é do povo, e não daqueles que o exercem para acumular vantagens. Ousar é demolir costumes inveterados, é sacudir a estagnação, é emancipar a autonomia popular. Ousar é manter a coerência evangélica para que a Fé não seja instrumentalizada por sistema radicalmente anticristão. Ousar é duvidar das certezas que bloqueiam passos e barram avanços sociais. Ousar é gritar que os valores e patrimônios do país pertencem à nação, e não aos governantes. Ousar é exigir que o Estado garanta educação e saúde à população pobre, em vez de garantir privilégios, lucros e segurança aos apetites dos especuladores. Ousar é implantar a justiça plena no país distorcido pela cultura da injustiça. Ousar é colocar os valores éticos como parâmetro para a sociedade.

É hora de ousar. Ousar não é dominar. Quem ousa com dignidade não oprime, não escraviza. Quem ousa com lealdade retempera os desalentados, reativa os apáticos e suscita protagonismo. Ousar é afirmar-se. A população brasileira teria de ousar mais, para influir efetivamente nos rumos do país. O povo não pode atemorizar-se, não pode cruzar os braços, não pode retrair-se, não pode calar-se. Povo que ousa é povo que supera o derrotismo e faz-se respeitar.

Há que ousar. Ousar é pulsação criadora. Ousar é tentar realizar o que ainda não foi feito. Ousar não é arrogância. É compromisso. Ousar é estilo de vida. Ousar é ser companheiro da madrugada. Ousar é de todas as idades. Mas é sobretudo fascínio da juventude. Ousar sempre. Sem ousar não se vive. Ousar ou perecer.

Caminho sedutor

Caminho. Simbolismo de caminho. Linguagem de caminho. Hermenêutica de caminho. Significados de caminho.

Caminho é sedução. Caminho é horizonte, é perspectiva. Caminho é clareira. Caminho é apelo. Caminho chama a fazer passos. Caminho acorda aventura e aponta rumos. Caminho busca o inédito.

Caminho da vida, caminho da verdade, caminho da justiça, caminho do coração, caminho do amor, caminho da ciência, caminho da ética, caminho da solidariedade. Caminho da cultura, caminho da arte, caminho da política, caminho da economia, caminho do trabalho. Caminho da corrida frenética, caminho de passos trôpegos. Caminho de festa. Caminho de luto. Caminho da Fé, caminho do Evangelho.

Caminho despovoado. Longo caminho. Caminho deserto. Caminho vazio, sem andarilho. Caminho calado, caminho da presença invisível. Caminho solitário que convida a repensar o destino do mundo.

Caminho sinuoso. Caminho de curvas e recurvas. Caminho de armadilhas. Caminho sorrateiro. Caminho da ladeira. Caminho traiçoeiro. Caminho de colisões fatais. Caminho emboscado que assalta viajantes.

Caminho ansioso. Caminho assustado. Caminho de pânico. Caminho arriscado, caminho da ponte caída. Caminho depressivo. Caminho angustiado, caminho em túnel asfixiante. Caminho desatinado. Caminho enlouquecido.

Caminho fechado. Caminho murado. Caminho obstruído que veta passos e impede a circulação. Caminho que paralisa mobilizações. Caminho que neutraliza a sublevação dos fracos. Caminho que embarga saltos históricos. Caminho que barra transformações sociais. Caminho que atola a soberania nacional.

Caminho tosco dos mendicantes. Caminho frustrante dos desempregados. Caminho humilhante dos discriminados. Caminho ruidoso que abafa a voz do povo.

Caminho tortuoso. Caminho perverso que leva à ruína. Caminho embrutecido que conduz à crueldade e ao assassinato. Caminho entulhado de miséria. Caminho mortífero que precipita a morte. “Optar em favor da vida ou escolher os caminhos da morte”, diz Thévenot. A humanidade deveria ser caminho de vida, jamais caminho de morte.

Caminho aberto. Caminho acolhedor. Caminho solidário. Caminho dialogal. Caminho pluralista. Caminho includente. Caminho ecumênico.

Caminho crítico. Caminho maduro. Caminho vigilante. Caminho da “dúvida metódica”. Caminho vanguardeiro. Caminho emancipatório. Caminho rebelado contra deformações sociais intoleráveis.

Mais do que *ser de* caminho, a pessoa é *ser-caminho*. Jesus declarou: "Eu sou o Caminho". Também o ser humano é caminho. Cada pessoa tem a responsabilidade de ser caminho para os outros. Caminho escancarado à passagem da humanidade peregrina. É injusto excluir os outros do caminho. É arrogância fechar o caminho dos irmãos. É ilógico o caminho que desencaminha destinos. Nada mais trágico do que perder o caminho. Nada mais desolador do que ser "inviável", ficar "sem via", ficar sem caminho, sem saída, sem futuro.

Caminho mistura canto e solução, dança e suor, flores e pedras, esperança e ameaça. Felizmente, caminho é mais utopia do que cansaço. Apesar dos riscos, o caminho é sedutor.

Amedrontar é tiranizar

Chegamos à pós-modernidade com enorme carga de medo. Não o medo imaginário dos que acreditam que o mundo vai acabar amanhã. Mas o medo concreto imposto por situações reais perversas. Medo fundo e universalizado. Medo que acarreta sofrimento atroz à humanidade. Medo que estraga seres humanos e deteriora a sociedade. Não apenas o medo dos medrosos, mas também o medo que afeta os corajosos e agride os ousados. Medo cruel que alcança todo o mundo. Medo que sitia cidades e angustia a alma.

O medo corrói as fibras humanas. Asfixia talentos. Esvazia a vida e embota-lhe a criatividade. O medo anula o ser humano. Assusta crianças e apavora adultos. Mais do que inquietante, o medo é transtornante. Entristece e deprime. Invade a consciência, semeia pânico, desmancha resistências, convulsiona as raízes existenciais.

O medo intimida. Propaga ameaças. Faz temer e tremer. Cala vozes e dispersa protestos. Subordina pessoas, dobra a população. Alastra a servidão. O medo substitui o chicote da escravidão. Ditadores, sistemas autoritários e pressões internacionais amedrontam pessoas e países.

O medo paralisa energias e imobiliza a sociedade. Estranha-se a "apatia" do povo. Essa passividade é produto do medo crônico alojado na cultura brasileira. O medo susta a rebelião da liberdade e *gregariza* a população. "O rebanho tangido pelo medo", diz Spinoza.

O medo espalha sensação de perda. Teme-se perder o emprego, perder salário, perder aposentadoria, perder amigos, perder a vida. Amedrontados, os sindicatos retraem-se e desistem de reivindicações justas. Temem, e dispensa-se em massa. Lá fora, multidão desempregada disputa restos de trabalho e migalhas de salários.

Utiliza-se a pedagogia do medo para calar pessoas e submeter o povo. Recorre-se ao medo para dominar rebelados e sufocar aspirações. Manobra-se o destino da sociedade com o combustível do medo. Há setores que vetam movimentos legítimos com a ameaça de represálias.

Grande medo é a miséria. Pessoas afogadas na pobreza vivem inseguras e atormentadas. Há grupos inescrupulosos que agitam o medo dos empobrecidos para perpetuá-los na dependência. Abusar do medo dos espoliados é ignomínia.

Para abolir ou reduzir o medo, é necessário eliminar as causas que o geram. Há que secar as nascentes do medo. E para extirpar as matrizes do medo é preciso que haja bravura pessoal e participação da sociedade. Importa varrer o sentimento de fraqueza perante o medo. E resistir, sem curvar-se às pressões. Há que ajuntar forças para garantir os direitos fundamentais que preservam e sustentam a autonomia do ser humano.

O medo amordaça as pessoas. Intimidar é oprimir, mas sublevar é desoprimir. Amedrontar é tiranizar o ser humano. Mas rebelar o ser humano é emancipá-lo do medo. É urgente substituir a cultura do medo pela cultura da audácia.

Arriscar-se

A coragem é ativante. Leva a agir com a alma e com o coração, com obstinação e com risco. A coragem tem espírito de vanguarda. Não se amoita na retaguarda.

A coragem é lúcida. Não salta no escuro. É reflexiva, não ímpeto explosivo. É escolha ponderada, não passo desabalado. A coragem é ação discreta, não gesto espetacular. Lançar-se do alto do edifício não é coragem. É suicídio. A coragem é persistente, não arroubo eufórico. A coragem empenha a vida e não apenas palavras.

A coragem supera o medo. A coragem não resulta da eliminação do medo. A eliminação do medo é que resulta da coragem. Perde-se o medo porque se tem coragem, e não se tem coragem porque se perdeu o medo. Pode-se perder o medo e não chegar a ter coragem. O medo encolhe o ser humano. Inibe a decisão e bloqueia os movimentos. A coragem afugenta o medo, desbloqueia energias, impulsiona decisões, levanta projetos. A coragem desemperra a hesitação, dinamiza o ser humano e liberta as forças históricas reprimidas.

Coragem não é violência. Em geral, o violento não é corajoso. É truculento. A coragem é aliada do amor, da vida, da criatividade. A violência é aliada do ódio, da ruína, do medo. O corajoso é audacioso, mas não violento. O corajoso acolhe, o violento expulsa. O corajoso congrega, o violento dispersa. O corajoso atrai, o violento espanta. O corajoso é solidário, o violento é individualista.

Coragem não se confunde com poder. A coragem é força de libertação em favor da vida madura. O poder é a força do mando em favor da "ordem", que pode ser desordem. A coragem esteia-se no caráter e nos valores basilares. O poder estriba-se na riqueza e nas armas. Por isso, os corajosos arriscam-se e os poderosos protegem-se. A coragem subleva o oprimido. O poder reprime o sublevado. A coragem é transparente. O poder é nebuloso.

A coragem não garganteia. Revela-se pelas atitudes. A coragem é modo de *ser*. Daí a diferença entre *ter* coragem e *ser* corajoso. Quem *tem* coragem pode perdê-la com facilidade. Às vezes, basta um susto na vida e perde-se a coragem. Mas quem *é* corajoso, é personalidade inquebrável. Pode ser fraturado fisicamente pela força brutal, mas permanece infraturável na consistência de seu *ser*. A coragem é vigor ontológico que perpassa todas as fibras do ser humano.

O ser humano precisa de coragem. E quem mais precisa de coragem é quem se arrasta pelas baixadas do desalento. O *des-ânimo* vai amortecendo o ser humano por dentro. Felizmente, há possibilidade de adquirir ou recuperar a coragem. A coragem não é apenas um "dado" que vem do útero materno. É também "construção", é conquista laboriosa e pertinaz. A pessoa pode educar-se para a coragem. Uma das tarefas criadoras é ajudar a humanidade a buscar e amadurecer a coragem.

A coragem não é dádiva miraculosa. Ela exige têmpera. É fácil ser corajoso quando tudo é favorável e quando se pisa em chão firme. Difícil é ser corajoso quando o ser humano está cercado de resistências e pisa solo minado. Há momentos em que a pessoa é colocada perante um dilema existencial. E terá de definir-se. Persistir na rota da verdade e da justiça ou render-se às seduções lucrativas. Em dilemas cruciais da vida humana, é preferível ser coragem perseguida a ser traição festejada. Ser corajoso é comprometer-se existencialmente. É arriscar-se.

Sociedade avançada

Há o avanço cronológico. É o curso do tempo. O hoje avança rumo ao amanhã. O tempo realimenta-se com o depois, com o futuro. E há o avanço antropológico. É o avanço do ser humano. O homem é itinerante ontológico. Faz-se mais-ser em cada passo. Avançar humanamente é aprofundar a consciência, é dialogar, é autodeterminar-se. O ser humano avança quando matura suas potencialidades, quando se pensa a si mesmo, quando se preocupa com o mundo que o envolve.

Atrasado é o antiquado, o superado, o que perdeu a utilidade. E avançado é o atualizado, o que está na linha de frente e propõe soluções novas. Freqüentemente, atrasado e avançado são vistos através do critério cronológico. Atrasado seria o passado, e avançado seria o presente. Mas essa visão é superficial e incompleta. Atrasado e avançado devem ser entendidos pelo significado humano, e não pela temporalidade. Nesta perspectiva, atrasado é o que perdeu seu valor, e avançado é aquilo que aperfeiçoa a humanidade. Dessa forma, o atrasado é inútil ou nocivo à sociedade. E o avançado promove a evolução da humanidade.

Não se deve confundir atrasado com passado ou antigo, nem confundir avançado com presente ou novidade. Nem sempre o passado é atrasado. E nem sempre o atual é avançado. Há valores do passado que continuam atuais e benéficos. E há situações e procedimentos da atualidade que são retrógrados e maléficos.

A escala de valores nem sempre está vinculada a fases do tempo. Podemos ter valores do passado que continuam a dignificar a humanidade. E podemos ter práticas do presente que degradam a humanidade. Há produções filosóficas, científicas e artísticas do passado que ainda são atuais. E, no presente, há ações cruéis que nos repugnam. No Sudão ainda há escravatura e comércio de escravos. Segundo a ONU e o Banco Mundial, a pobreza continua a aumentar. Na Inglaterra, cresceu o número de pobres em 20 anos de neoliberalismo. A economista Nancy Birdsall, ex-vice-presidente do BID pelos Estados Unidos, diz na revista *Foreign Policy* que a renda de 20% das famílias mais pobres dos EUA vem decaindo desde 1970. Esta posição é documentada também por Rudiger Dornbusch, professor de economia do Massachusetts Institute of Technology. Citando "os dados econômicos mais recentes" referentes aos Estados Unidos, Dornbusch escreve em novembro de 2000: "A parcela da renda nacional nas mãos das famílias que compõem a camada de 20% mais pobres vem sendo a menor em 30 anos". No Brasil atual, há chacinas selvagens e desigualdade acintosa. São cenários de atraso no mundo pós-moderno.

A sociedade que garante os direitos humanos a todos, que efetiva a justiça social e respeita o valor das pessoas é sociedade avançada. Mas a sociedade que permanece neutra perante a desigualdade injusta e que privilegia ricos e espolia pobres é sociedade atrasada.

Em *Manuscritos econômicos e filosóficos*, de 1844, Karl Marx escrevia com visão futurista: "O trabalhador fica mais pobre à medida que produz mais riqueza. O trabalhador torna-se uma mercadoria ainda mais barata à medida que cria mais bens". Há mais de século e meio, Marx prenunciava, com impressionante acerto, a ditadura do mercado imposta aos trabalhadores de hoje, pelo sistema neoliberal. Neste caso, Marx foi avançado, e o capitalismo neoliberal atrasado.

Para avaliar avanço e retrocesso da humanidade, há que adotar o critério antropológico, e não apenas o cronológico. Cronologicamente estamos na pós-modernidade, mas antropologicamente temos vastas áreas de retrocesso. A pior mistificação é usar a imagem da pós-modernidade cronológica para disfarçar e esconder a realidade antropológica regressiva. Apresenta-se a máscara cronológica progressista para ocultar a degradação antropológica que envergonha a humanidade.

O senso crítico é indispensável para enxergar onde estão os avanços e onde estão os retrocessos. Projetam-se setores avançados como se representassem toda a população, e conclui-se que a sociedade vai muito bem. Mas não podemos esquecer que, na era da revolução informática, há milhões de seres humanos demolidos pela miséria. Avanços espetaculares e retrocessos aviltantes são contemporâneos. São duas humanidades "estranhas", segundo análise do sociólogo Zygmunt Bauman.

Há que manter os avanços humanizantes, mas também eliminar os retrocessos desumanizantes. A situação concreta em que vive o ser humano é o parâmetro para medir o avanço e o atraso da humanidade. A verdadeira sociedade avançada é aquela em que o todo da população usufrui qualidade de vida consentânea com a dignidade humana.

Olhar audacioso

Olhar prospectivo. Olhar voltado para o amanhã, para o futuro. Olhar descortinador. Olhar que vaza horizontes, devassa nevoeiros, desbrava solidões, desmata ermos, infiltra-se nas frestas dos paredões. É o olhar de Heidegger, que busca a "Clareira do Ser", no trançado da floresta alemã.

Olhar inovador desgruda-se do olhar retrospectivo. Desata-se do saudosismo. Rompe ataduras, desmancha condicionamentos, arranca-se do fatalismo cronológico. Olhar que nasceu nu, desembrulhado. O nascimento do novo é sempre nascimento da nudez. Tem algo de inocência, pelo menos no início.

Olhar errante. Olhar andarilho. Rola pelas planícies, escorrega pelas encostas, mergulha nos socavões. Apalpa as saliências do mundo, coça a sensualidade da carne. Namora fisionomias, remira o corpo exposto, revolve o mistério humano. E plana sobre consciências, sem pisá-las. Motiva decisões, sem forçá-las. Norteia peregrinos, sem atropelá-los. Olhar disparado, às vezes contido. Olhar escancarado, às vezes subversivo. Olhar fugidio que desliza pelos flancos largos do mundo, e insinua-se nas curvas recatadas da vida. Olhar que assedia seres humanos sem violentá-los.

O olhar inquietante sonda a verdade. Caça luz. É apaixonado pela clareira. No grego é *Aléthe*. Este olhar remove *Lethe*, que é o rio do "esquecimento", das trevas. Lethe era irmã de Tânatos, a morte. Quem bebia as águas de Lethe perdia a memória, mergulhava na escuridão e não enxergava a verdade. E perdia-se a si mesmo. *A-Léthe* elimina o esquecimento. Desnuda a medula soterrada. Destapa o sentido dos seres. Recupera a realidade e resgata a veracidade. As águas de Lethe cercavam Hades, reino dos mortos, afogavam as gotas de luz e remoinhavam o absurdo. Mas *Aléthe* era o olhar veraz que cortava os cordões das águas turvas e alumiava a face dos seres. Olhar ontológico que *des-lumbra*, retira a sombra. Se o olhar ontológico se apagar, o mundo escurece. E a humanidade afunda no esquecimento. Submerge na extinção.

O olhar pode gerar amor ou ódio. Pode disseminar ventura ou desventura, pode reabilitar aviltados ou enlamear inocentes. O olhar criador semeia vida e paraíso. O olhar maldoso semeia calúnia e sofrimento. O olhar maléfico derrama águas sujas do rio Lethe e apodrece o mundo.

Buscamos o olhar arrojado que abre caminhos históricos e clarifica existências humanas. Olhar incontaminado, sem veneno. Olhar arquetípico, sem pecado original. Olhar sem escravidão, sem rancor, sem crueldade, sem prostituição, sem lágrimas, sem fome, sem morte. O olhar que recria o ser humano, que reivindica a justiça como novo paradigma, e instaura a igualdade social. Olhar de vida que valha mais do que o olhar exterminador da ogiva nuclear. Olhar vigilante que não se fecha para esquecer a humanidade. Olhar audacioso que acenda a consciência de seis bilhões de habitantes na terra.

Capítulo V
CRITICIDADE

Criticidade

Uma das grandes potencialidades do ser humano é a criticidade. Criticidade deriva do grego e significa "discernir, interpretar, julgar, distinguir entre verdade e erro". A criticidade mora na medula do ser humano. Sem criticidade, o ser humano é "compacto", como diz E. Bloch. E deixa de ser "espaço à vida aberta". Sem criticidade, o ser humano perde a respiração racional, embota a inteligência.

A criticidade manifesta-se de várias formas. A criticidade óptica atua pelo olhar. Uma das maravilhas humanas é o olhar crítico. O olhar crítico desvenda as entranhas da realidade. Capta a intimidade, dedilha nervuras. Olhar crítico não só registra o que aparece, mas sobretudo garimpa o que se esconde. O olhar crítico não se detém na configuração dos fatos, mas esmiúça-lhes as motivações. Descobre o sutil. Sabe lidar com ciladas. Debulha a espiga capciosa. O olhar crítico desfia urdiduras para destrançar trapaças. Desaponta os que escorregam sob a penumbra. Surpreende os astutos.

A criticidade hermenêutica é o conhecimento interpretativo, é a compreensão que vai além do simples olhar. Há olhar embasbacado. Mas não basta ver fatos e procedimentos. Importa extrair deles o significado real, as motivações ocultas. Os mesmos fatos podem abrigar razões diferentes. Alguém comparece e garante que vai resolver os problemas da sociedade. Mas qual é o verdadeiro sentido dessa promessa? É aí que se situa a criticidade. Ver e ouvir estão ao alcance de quase todos. Mas é preciso avaliar o que está escondido naquele ver e ouvir. Paul Ricoeur diz que interpretar é *decifrar o sentido oculto no sentido aparente*. A sociedade seria muito diferente se praticasse a criticidade hermenêutica, se fosse além das rotulagens que embrulham a população. Não basta ver o acontecimento. O principal é descobrir o que está por trás do acontecimento.

A criticidade kairológica fundamenta a opção. É indispensável que o senso crítico embase solidamente a decisão humana. Perante determinados cenários, as pessoas são provocadas a aderir ou a rejeitar, a concordar ou a discordar. Decidir é definir-se existencial, social e historicamente. Escolher exige apurada criticidade. Muitos aderem a propostas sem avaliação crítica. E empenham apoio em projetos que irão prejudicar a sociedade. Avalizam ingenuamente ou maliciosamente propostas que depois se mostrarão nocivas. A falta de decisão crítica tem legitimado ditaduras políticas, economias selvagens, práticas corruptas e calamidades sociais.

A criticidade praxiológica estimula e orienta o agir humano. Há ações que constroem e ações que destroem. Há atividades que promovem a vida e atividades que a devastam. A criticidade suscita atitudes que amadurecem pessoas e sociedades. É aliada da autonomia humana. O filósofo Gadamer propõe a "criticidade emancipatória", que leva o ser humano a tornar-se agente de emancipação individual e coletiva. A criticidade tem paixão pela verdade e pela liberdade. Não quer o ser humano cego nem escravo. Mas lúcido e autônomo.

Rosto fascinante

Conhecer a verdade é aspiração humana inata. O ser humano tem sede de verdade. Vai buscá-la nas encostas do mundo e nos recôncavos de seu espírito. Descobrir a verdade é conquista alvissareira. Compensa atravessar vigílias e trilhar veredas para chegar à verdade. Uma das angústias humanas é não alcançar o manancial da verdade. Enquanto existir verdade encoberta, o ser humano vive inquieto. A verdade clareia a vida. Sem a verdade, a existência é sombria. A verdade gera autenticidade. Onde falta a verdade, instala-se lacuna existencial. A invasão da falsidade expulsa a verdade. Quem não possui a verdade, está carunchado por dentro. Impregnar-se da verdade é humanizar-se.

Segundo Aristóteles, há duas expressões de verdade. A verdade ontológica, que é a própria realidade que existe no mundo. E a verdade epistemológica, que é adquirida pelo conhecimento das realidades existentes. A verdade do ser e do conhecer.

A verdade mostra o que existe e o que não existe. *Des-cobre* o que está recoberto, *des-vela* o que está velado, *des-oculta* o que está escondido, *des-lumbra* o que está ensombreado, *des-mascara* o que está camuflado, *des-emudece* o que está calado, *des-cativa* o que está algemado.

Há também a verdade que reside nas criações produzidas pelo homem. Aqui, cabe o termo "inventar", que significa "descobrir o que está oculto", e também significa "criar, fazer surgir o novo". Importa "inventar" a verdade, ir à morada da verdade, encontrar a verdade. E também criar a verdade por meio das diversas atividades humanas. O ser humano deveria sempre existir na verdade. Deveria reconhecer a verdade da grandeza e do aviltamento. A verdade existe para patentear a realidade inteira, e não para esconder aberrações. Há que levantar a verdade, e não amoitá-la.

Há distorções da verdade. A verdade "etnocêntrica" favorece o grupo de amigos, de colegas, de profissão, de partido, de religião. A verdade "sectária" não reconhece o que há de positivo naqueles que têm posições diferentes. Mas a verdade deve ser independente. Não pode ser partidarista. A verdade hã de ser reconhecida onde estiver. Se entre os adversários houver verdade, seja reconhecida e não sonegada. Se entre os aliados houver falha, seja reconhecida e não justificada. Verdade exige honestidade. Sem honestidade, a verdade é produto de barganha.

A humanidade busca a verdade, mas também pode asfixiá-la. Costuma-se calar a verdade que incomoda. Setores corruptos associam-se para impedir que a verdade seja revelada. Quando se promove processo para descobrir a verdade toda, comparsas articulam-se rapidamente para abafá-la. E criminosos engravatados chegam a queimar a verdade dos "arquivos vivos". Nada mais trágico do que estrangular a verdade.

Os modernos recursos científicos e tecnológicos podem produzir versões muito diferentes sobre determinado fato, de acordo com interesses políticos, econômicos, culturais e religiosos. O mesmo acontecimento aparece hoje com uma versão e amanhã reaparece com outra interpretação. Fazer retificações é legítimo. Mas obrigar a verdade a dançar no jogo de interesses maquiavélicos é violência.

A verdade não pode ser reduzida a interesses mercenários. Alguns tentam calar a verdade que denuncia vantagens ilegítimas. Mas a verdade não tem culpa de ser verdadeira. Ela deve ser reconhecida lealmente e jamais negada ou hostilizada maliciosamente. A verdade é indobrável. Mesmo ensangüentada, não capitula. A verdade emancipa os que sofrem servidão política, econômica, social e cultural. "A Verdade vos libertará", testemunha Jesus. Quem não se deteriorou sabe entender a linguagem da verdade.

Acatar a verdade é sinal de maturidade. A verdade é limpa. Não suja. É "inocente". Não é nocente. A verdade retira o mundo da escuridão. Quando a verdade habita a consciência, o ser humano ilumina-se. Onde há verdade há humanidade transparente. Há rosto fascinante.

Questionar

Perguntar e responder são atributos do ser humano. Roger Garaudy diz que os animais emitem certas respostas, mas não perguntam. O ser pensante define-se mais pelo perguntar do que pelo responder. Perguntar é buscar. Buscar sentido. Quem pergunta procura descobrir a verdade. E perguntar denota certa insatisfação. Pergunta-se para obter o que falta, para entender o que ainda não se decifrou.

Questionar é mais que perguntar. É um perguntar ousado. Questionar contém desafio, provocação. Leva dose de irreverência.

Questionar é interpelar. Coloca dúvidas nas certezas. Desconfia das sentenças infalíveis. O questionamento traz germe de discordância. Questiona-se não apenas para recolher uma resposta, mas porque se duvida de certas propostas. O questionar submete informações e fatos a rigoroso exame crítico. Questionar é processo que desenfumaça a verdade. O questionamento rasga a inautenticidade porque exige que versões e procedimentos se manifestem desvendados e comprovados. Aldo G. Gargani escreve que "toda resposta filosófica carrega uma questão que a lacera interiormente e que a ultrapassa como resposta".

Verifica-se que a humanidade tem sido chamada muito mais a responder do que a questionar. Essa tradição não é inocente. É hábito que debilita o ser humano e o subordina a interesses pedagógicos, políticos, econômicos, sociais, culturais e religiosos. Nota-se que a sociedade vive e movimenta-se orientada por respostas preestabelecidas, que garantem a ordem vigente e perpetuam normas já sancionadas. Em geral, temos sociedades de resposta, e não sociedades de questionamento. As sociedades de resposta são conservadoras, socialmente estratificadas. Resistem a mudanças. Temem o questionamento. As sociedades de questionamento abrem espaço a rupturas históricas e a alterações de hegemonia. E isto assusta. Por isso, tende-se a repetir a resposta encardida e a neutralizar o questionamento rebelde.

Para questionar é preciso ser livre. Os escravos respondem, mas não questionam. Os subordinados respondem aos senhores, mas não os questionam. O atual sistema mundial e nacional exige resposta fiel e servil. Aqueles que discrepam desse modelo "totalitário" são suspeitos. E os donos do poder advertem: respondam, e não perguntem. E, acima de tudo, não questionem.

No entanto, mais do que nunca, é necessário questionar o modelo que nos estrangula. E questionar com audácia. Questionar a espoliação da autonomia nacional e a descaracterização da identidade do povo brasileiro. Questionar as restrições econômicas impostas ao país e os privilégios concedidos ao capital internacional. Questionar ignomínias sociais e versões oficiais deturpadas.

Importa mais questionar do que responder. Se a sociedade brasileira questionasse mais, teríamos menos erros praticados por governo submisso a aliados externos. Muitos abusos têm prosperado porque contam com a complacência da sociedade, que não os questiona frontalmente. Questionar práticas lesivas ao país é defender direitos inalienáveis. É robustecer a consciência crítica nacional.

Discordar

Reconhecer é mais que perceber. É ter consciência da realidade existente. Reconhecer é verificar, é comprovar, é testar a veracidade dos fatos. Reconhecer é examinar uma situação concreta, é apalpar a consistência dos acontecimentos. Reconhecer é acolher evidências.

O reconhecer registra a realidade positiva e negativa, construtiva e destrutiva, justa e injusta, favorável e desfavorável. O reconhecer não pode ser seletivo. Não pode levar em conta o que convém e desconsiderar o que não convém. Não é honesto reconhecer apenas o que favorece interesses e ignorar o que não interessa. Essa seletividade é discriminatória e desrespeita a verdade objetiva.

Às vezes, identifica-se reconhecer com concordar. Mas reconhecer não equivale a concordar. Reconhecer a realidade existente não significa endossá-la. Pode-se concordar com a realidade reconhecida. E também pode-se dela discordar.

Há objetividade quando se reconhece que há violência, chacinas, estupros, miséria, tráfico de drogas, colapso da saúde, barganhas políticas, desvio de dinheiro público para enriquecer banqueiros. Há que reconhecer a existência dessas monstruosidades. Mas reconhecê-las não é aprová-las ou encampá-las. Pode-se e deve-se discordar delas. E discorda-se dos abusos porque foram reconhecidos como nocivos. Daí, a articulação salutar entre reconhecer e discordar.

A má-fé tenta iludir. Decanta-se que o mundo mudou, que chegou a era da informática, da "globalização", da privatização total. E conclui-se apressadamente que a sociedade deve adaptar-se à nova situação para não perder o "trem da história". Tenta-se atrelar o concordar ao reconhecer. Foi o que fez Maquiavel pouco depois de 1500, em seu livro O *Príncipe*.

Sem dúvida, há que reconhecer as mudanças que estão ocorrendo. E concordar com avanços legítimos. Mas é também indispensável discordar radicalmente das aberrações que estão sendo impostas às populações. Não se pode embarcar cegamente no "trem da história". Pois há "trem da história" que carreia violência, desemprego, miséria, concentração de riquezas, trabalho escravo, massacres, privatizações suspeitas, salários humilhantes, subserviência ao capitalismo imperial. Embarcar nesse "trem da história" perverso é embarcar no comboio que leva ao matadouro. E perder esse macabro "trem da história" é sinal de sabedoria.

A repugnante pedagogia do adesismo agita promessas de modernização, para submeter a sociedade aos interesses das corporações transnacionais. Governos e seus aliados enriquecem os donos do mundo e apressam a ruína de milhões de seres humanos. Imolam vidas para cortejar a minoria hegemônica que recoloniza grande parte da humanidade.

É necessário reconhecer a realidade nefasta e lutar para mudá-la. Mesmo quando não se possa fazer muito, pode-se, pelo menos, discordar daquilo que está sendo feito contra os direitos humanos. Norberto Bobbio diz que a verdadeira democracia reserva espaço ao "dissenso". E registra que "tão pouco democrático é o sistema político que impede o dissenso".

Discordar do que é injusto não é hostilizar. É atitude legítima e benéfica. Discordar daquilo que é anti-social é expurgar a sociedade. Concordar com a opressão é trair a sociedade. Não se pode calar perante distorções desumanas. Só o ato de discordar já é grande avanço. Discordar criticamente é ação ousada que desnuda as práticas sujas que parasitam a nação. Há mentalidade autoritária disfarçada que pretende obrigar a sociedade a concordar com rumos políticos e jurídicos que a danificam. Há que resistir. E pensar que discordar pode valer muito mais do que concordar. E entender que também o dissenso constrói a história da humanidade.

Razão e poder

Razão é área de inteligência. A razão reflete, pesquisa, discute, argumenta, busca sentido, desoculta a verdade. A razão desaloja tramas cautelosamente arquivadas. Poder significa aptidão, capacidade. E significa, sobretudo, função, autoridade, mando. O poder comanda, dita normas, autoriza e veta.

A razão demonstra, o poder determina. A razão raciocina, o poder ordena. A razão convence, o poder obriga. A razão dialoga, o poder manda. A razão elucida, o poder proíbe. A razão expõe, o poder impõe. A razão descortina, o poder reprime. A razão motiva, o poder pressiona. A razão emancipa, o poder subordina.

O excesso da razão gera racionalismo. O excesso do poder gera autoritarismo. Há abuso de poder na política, na economia, na ciência, na educação e na religião. O poder tende a instrumentalizar a razão para conquistar e preservar interesses pessoais e grupais. O poder racional respeita a razão, mas o poder irracional é despótico. Desvinculado da razão, o poder leva a sociedade à servidão. Em geral, quem detém o poder julga-se superior, dono do mundo. Então, o poder converte-se em fetiche e suga a humanidade. Por isso, há que manter a primazia da razão sobre o poder. A norma fundamental deriva da razão, e não do poder. A razão preexiste ao poder. Para existir e pensar, a razão não precisa da autorização do poder. Há grande diferença entre o poder da razão e a razão do poder.

O poder acredita que possa autojustificar-se e justificar seus aliados. No período em que esteve detido em Londres, o tirano Pinochet recebeu "comovente" solidariedade de M. Thatcher. Tipo de aliança do poder que afronta a dignidade humana. Por aqui, o poder governamental tem fomentado a concentração de riqueza dos poderosos, enquanto vem reduzindo os recursos devidos aos empobrecidos. De um lado, agiganta-se o poder econômico e, de outro lado, um desempregado que retirou alimento do supermercado para o filho faminto, foi logo jogado na cadeia. O poder arrogante não quer entender as razões de milhões de brasileiros arruinados pela miséria infamante.

Manter a ordem da justiça e da dignidade, sim. Mas defender a "ordem" da desigualdade hedionda é iniqüidade. Preservar privilégios de magnatas e prender famélicos é "desordem" agressora. O poder não tem direito de aprisionar a razão dos fracos.

Em 1964, poderosos grupos nacionais e internacionais, que defendiam interesses nocivos ao país, quiseram calar a pedagogia crítica que os estigmatizava. Exilaram intelectuais e professores do porte de Celso Furtado, Paulo Freire e Florestan Fernandes. Baniram a razão. Freqüentemente, o saudosismo do modelo antipedagógico de 64 volta a tachar a pedagogia crítica de "subversão". A educação crítica prospera com diálogo racional, e não com vetos ditatoriais. Educação madura e livre não é Senzala para curvar-se a imposições oligárquicas da Casa-Grande.

O poder legítimo tem seu lugar. Mas a humanidade precisa mais de razão do que de poder. Há que aprender e reaprender a linguagem da razão. O filósofo Habermas salienta a "força emancipatória da autoreflexão".[1] O poder não emancipa. A humanidade ferida pela injustiça, retalhada pela desigualdade, atada pela miséria só conseguirá emancipar-se a partir da razão lúcida e insubmissa.

Verdade subversiva

O poder, sob múltiplas formas, deveria estar sempre a serviço dos grandes valores da humanidade. A finalidade do poder é beneficiar a coletividade, e não a autoglorificação dos dirigentes. O poder que não promove o crescimento da sociedade resvala em absolutismo autocêntrico que menospreza as exigências da verdade.

Verdade não é apenas um princípio abstrato. Verdade é a realidade existente, o fato concreto, o conhecimento comprovado. A verdade desoculta o desconhecido, salienta a dignidade da pessoa, reivindica liberdade e igualdade, sustenta o significado ontológico da espécie humana, preserva os valores consistentes. Verdade é a

[1]Habermas, J. *Connaissance et Intérêt*, Gallimard, p. 242.

tecnologia avançada, é o índio Galdino queimado, a chacina selvagem, a injustiça escandalosa, a miséria deprimente. Não há como negar ou sonegar a verdade patente das realidades gritantes, sejam positivas ou negativas.

É salutar confrontar poder e verdade. Difundiu-se mentalidade neopragmatista que hipervaloriza o poder e deprecia a verdade. Para alguns setores, a verdade teria perdido sua autonomia, e não passaria de caudatária do poder. Basta acender o senso crítico para perceber a desenvoltura com que o poder distorce fatos, justifica procedimentos repugnantes e desconsidera a verdade cristalina. Há o poder "dono" da verdade. Sempre tem razão. Há o poder "medida" da verdade. Determina o que é e o que não é verdade. Há o poder "produtor" da verdade. Cria a verdade de acordo com seu gosto. E há o poder "infalível". Nunca erra.

A lógica do poder entorta a lógica da verdade. Para alguns, quem está ao lado do poder está com a verdade. E quem discorda do poder está fora da verdade. Práticas escabrosas tornam-se verdade quando abonadas pelo poder. E verdades estridentes são descartadas quando contrariam interesses do poder. O poder procura calar a verdade que o incomoda. Quem destoa das autoridades é tido como subversivo e, por isso, deve ser enquadrado na disciplina e na ortodoxia. Pois o poder julga que existe para botar ordem na casa, no país e na igreja.

O poder exercido como serviço à sociedade é um valor, é função útil na organização de atividades. Mas o poder que manipula a verdade é tirânico. A tirania hoje é mais "civilizada". Age de forma incruenta, difusa, sigilosa. Mas muito eficiente.

A verdade é valor maior do que o poder. Há que lutar para que a verdade tenha prioridade em relação ao poder. Não é a verdade que deve estar a serviço do poder, mas é o poder que deve estar a serviço da verdade. O poder conta com a força. A verdade conta com a razão. Sem compromisso radical com a verdade, o poder adquire feição fascista, até em regimes chamados democráticos. O poder arbitrário é capaz de esmagar a verdade. Mas, mesmo esmagada, a verdade levanta a fronte ensangüentada e acusa seus detratores. Vale mais ficar com a verdade, sem prevalecer, do que prevalecer contra a verdade.

O trágico não é perder o poder. É perder a verdade. O poder da verdade deve falar mais alto do que a verdade do poder. Por isso, em muitas situações, a verdade terá de ser subversiva.

Quem cala consente?

A cultura é fenômeno ambivalente. Pode favorecer o ser humano ou prejudicá-lo, pode tecer a humanidade ou esfiapá-la, pode ser antropogenética ou antropofágica. É equívoco pensar que todo produto cultural seja avanço humanizante. Há cultura da liberdade e cultura da escravidão, cultura da justiça e cultura da miséria, cultura da paz e cultura armamentista, cultura igualitária e cultura racista, cultura emancipatória e cultura colonialista, cultura da vida e cultura da morte, cultura senhorial da Casa-Grande e cultura aviltada da Senzala.

As produções culturais possuem linguagem. Dizem significados dignificantes ou degradantes. Entre os produtos culturais há aforismos, ditados populares. "Quem cala consente" é provérbio muito citado e acatado. Consignado também em *Sonetos possíveis* de Artur Azevedo.

"Quem cala consente" merece cuidadosa reflexão crítica. Há momentos em que calar é consentir. O silêncio pode ser consentimento livre. Mas nem sempre "quem cala consente". Calar pode também significar recusa, oposição, protesto. O silêncio pode ser contestação muda. As pessoas podem calar-se porque estão sendo ameaçadas e reprimidas. Há vasto silêncio nos oprimidos. Escravos calam-se porque chicoteados pelos senhores, sociedades calam-se porque censuradas por ditaduras, estudantes calam-se porque receiam perseguição do professor, mulher estuprada cala-se para não ser humilhada, trabalhador cala-se por medo de ser dispensado, cristãos calam-se porque temem o "obsequioso silêncio", pobres calam-se para que não lhes cortem as migalhas de sobrevivência na seca e na mendicância. Muitos calam-se porque não dispõem de espaço e meios para gritar seu direito.

Há milhões e milhões de seres humanos que se calam, mas "não consentem". E são contabilizados como se apoiassem aquilo que são forçados a calar. E os setores dominantes proclamam cinicamente: "O povo está ao nosso lado". É a lógica perversa e impositiva da sentença: "Quem cala consente". É intolerável abuso cultural utilizar esse provérbio ambíguo para beneficiar golpistas. É a técnica maquiavélica que fatura prestígio em cima do silêncio de quem "não consente".

Jean-François Lyotard diz que calar-se por decisão livre não é falha. Mas "impor silêncio ao outro" é introjetar-lhe o "terror íntimo". O "quem cala consente" tem sido manipulado para domesticar a sociedade, para submeter divergentes e apagar o descontentamento popular. "Quem cala consente" é utilizado para projetar a imagem de que todos os calados, mesmo os discordantes, estão aceitando situações abomináveis.

É preciso denunciar essa pedagogia solerte. É indispensável questionar o "quem cala consente", para não submeter a humanidade aos ditadores do mercado, aos controladores da informação, aos novos colonizadores da globalização pirata. "Quem cala consente" é linguagem cultural fomentada por setores interessados em perpetuar a tradição autoritária do poder, e em manter a população marginalizada e passiva. Chegou a hora de mostrar a outra banda da verdade. Chegou a hora de suscitar e disseminar a cultura de "quem cala não consente". Para isso, é necessário aprender a linguagem calada daqueles que "não consentem".

Desajustar-se

O pensador é hermeneuta. É caçador de significados. O filósofo Gadamer considera a hermenêutica como "arte de compreender". Para ele, a hermenêutica interpreta textos e também os relacionamentos humanos. Extrai significado das palavras e das experiências que são os textos da vida. E diz que o homem possui o "Logos", que lhe permite revelar o "útil e o nocivo, o justo e o injusto".[2]

[2]Gadamer, H. G. *L'Art de Comprendre* – II, Aubier, 1991, pp. 57, 329.

A busca de significados ajuda a compreender o que é justo e o que é injusto. "Ajustar-se" é aderir ao justo, é agrupar-se em torno do que é justo. "Des-ajustar-se" é afastar-se do justo, é desligar-se do que é justo.

Daí, o sentido positivo de "ajustar-se" e o sentido negativo de "desajustar-se". Habitualmente, ajustado é entendido como o normal, o adaptado ao meio, o sintonizado com a ordem vigente, o afinado com as práticas dominantes. E, tradicionalmente, o "desajustado" é visto como o inadaptado, o anormal, o desequilibrado, o patológico. O anômico.

Essa interpretação corrente de ajustado e desajustado tem prevalecido na avaliação social e na visão conservadora das ciências humanas. Contudo, cabe aqui questionamento crítico. O "ajustado" seria sempre o normal? O "desajustado" seria sempre o anormal? Não poderia haver "ajustado" patológico e "desajustado" sadio?

Pode-se estar ajustado ao bem ou ao mal. E pode-se estar desajustado do bem ou do mal. O ajustamento pode ser salutar como pode ser maléfico. Também o desajustamento pode ser pernicioso como pode ser benéfico. Por isso, é inexato identificar ajustado com normal, e desajustado com anormal. Pode-se estar ajustado à injustiça, a procedimentos imorais e cruéis. Este ajustamento é nocivo. E pode-se estar desajustado da injustiça, da corrupção e da cumplicidade. Este desajustamento é salutar.

É negativo estar ajustado a práticas criminosas, afinado com políticas lesivas à sociedade. Ao passo que é positivo estar desajustado em relação a situações desumanas. É negativo estar adaptado a desigualdades gritantes. Mas é positivo estar desajustado perante a discriminação e o trabalho escravo. Estar integrado em regime fascista é patológico. Estar desajustado diante do desemprego é atitude sadia.

O ajustamento cego provoca degradação humana, falência social e aberrações históricas. Por outra parte, o desajustamento lúcido pode conduzir a posições maduras e abrir novos rumos para os povos.

Os seres humanos são capazes de ajustar-se e de desajustar-se. Há desajustamento que produz ruptura criadora, amadurecimento crítico. Encorajamos o legítimo desajustamento pedagógico, social, psicológico, político, econômico, cultural e ético. Venha o desajustamento que afasta da injustiça, que desgruda de perversões psicossociais, que rompe com a herança escravista, que não se adapta à malandragem política, que destoa dos que sacralizam a coexistência entre ostentação da riqueza e lama da miséria.

A hermenêutica desoculta o significado original e fecundo do desajustamento. A humanidade cresce passando também pelo caminho do desajustamento. Felizes os que não perpetuam o "ajustamento" subserviente, porque sabem "desajustar-se". Sabem fisgar o que é justo e refugar o que é injusto.

Humanidade desenganada

Sociedade crítica questiona-se sobre o engano e o desengano. O ser humano pode enganar-se. Engana-se por si mesmo. Pode ser enganado por outros. E pode enganar os outros.

Engano é equívoco. O engano deteriora a personalidade humana. Deforma-lhe a percepção e distorce-lhe a decisão. O enganado pisa em falso, diz o inexato, escamoteia os fatos e adultera a verdade. O enganado torna-se estranho a si mesmo. O engano falsifica a consciência, solapa a subjetividade, embaralha o pensamento, desalicerça as opções e desaponta a confiança. O engano provoca disfonia existencial e cósmica. Quebra a harmonia entre o ser pensante e o mundo que o circunda.

O ser humano enganado é inseguro. Sente-se ludibriado por armadilhas. É burlado em suas crenças. É cindido em sua identidade. Povo enganado é povo mentalmente colonizado, economicamente dominado, socialmente espoliado e culturalmente banalizado. Sociedade enganada é engolida por trapaceiros.

A humanidade tem realizado progressos espetaculares. Mas, ao lado de conquistas válidas, prosperam práticas capciosas. Ofertam-se caminhos ilusórios, políticas sedutoras e versões falsas dos acontecimentos. A população tem recaído no alçapão dos enganos porque é vítima das artimanhas dos espertalhões.

A humanidade está sujeita a enganar-se. Mas também pode libertar-se dos enganos. Superar o engano é avanço pessoal e coletivo. Nada mais salutar do que "des-enganar-se". Desenganar-se é reencontrar-se. É recuperar trechos da existência humana que sofreram alienação.

Em certas situações, "desenganado" tem sentido positivo. Não significa doente sem cura, nem vida sem futuro. Aqui, "des-enganado" é quem se livra do engano. É quem possui visão crítica para desalienar-se e enxergar a realidade desvelada. O povo só amadurece quando não se deixa enganar. Desenganar-se é atitude sociogenética. A sociedade autenticamente desenganada é capaz de plasmar-se com as próprias mãos.

A sociedade tem sido demasiadamente enganada. E, com isso, debilita-se. Para ser sólida e independente, a sociedade terá de manter-se vigilante. O mundo atual, arrastado por dilúvio de informações de todo tipo, reclama senso crítico permanentemente acordado. A ironia sensata frustra a publicidade desonesta. O ufanismo falacioso, que nos apresenta como país maravilhoso, encobre o sofrimento e a humilhação de grande parte da população. Há que desacreditar mentiras veladas, promessas mágicas e justificativas oficiais mistificantes.

O espírito crítico impede que a sociedade seja pescada por iscas aliciadoras. População crítica resiste a farsas. É tempo de suscitar geração incrédula que não acredita em propostas mascaradas. E há que ser irreverente para com os procedimentos cínicos. Há momentos em que é necessário substituir a credulidade pela incredulidade. Quem não se deixa enganar tem altivez bastante para fazer-se respeitar. Urge rebelar a humanidade "desenganada". Pois, enquanto o engano produz submissão desumana, o desengano promove insubmissão humanizante. Por isso, desenganar-se é emancipar-se.

Pessimismo otimista

Em linguagem, vale mais o significado que o termo. A mesma palavra pode oferecer diversos e opostos sentidos. "Otimismo" é termo que revela significado estimulante, dinâmico, criativo. Indica espírito positivo, irradia alegria e confiança. "Pessimismo" é atitude marcada pela tristeza, desencanto, amargura. O pessimista tende a salientar aspectos negativos, e a remoer frustrações passadas. O otimista costuma acreditar demais, e o pessimista inclina-se a desconfiar demais.

Há otimismo que disfarça a realidade negativa. Freqüentemente, o otimista vê o mundo com olhos maravilhados. E deixa a realidade pessimista na sombra. O otimista tende a embarcar no euforismo que esquece o lado perverso da realidade política, econômica e social. É parcial porque não enxerga o fenômeno em seu todo. Esse otimismo engana as pessoas e enfeita a realidade pessimista existente. É otimismo pessimista.

Por outro lado, o pessimismo pode conter significado positivo. Ao reconhecer a realidade desumana, que existe no mundo, o pessimismo revela espírito otimista, pois lamenta e repulsa a iniqüidade. Ao recriminar a crueldade, o pessimista está plantando a semente do otimismo responsável. Há pessimistas que diagnosticam a sociedade patológica, sem tornar-se cúmplice dela. Isso é pessimismo otimista.

O filósofo Ernst Bloch analisa o otimismo em profundidade. Mostra que o otimismo "automático" ilude a sociedade, porque propaga a idéia de que tudo obterá solução a seu tempo. Enquanto isso, a realidade maligna prospera sossegada. O otimista automático promete soluções mágicas que não se concretizam. Por isso, Bloch propõe o "otimismo militante". Este otimismo não espera soluções mecânicas, mas empenha-se por transformar a realidade pessimista em realidade otimista. O otimismo militante é dialético, e parte para extirpar anomalias que degeneram a humanidade.

O pessimismo pode tornar-se otimista. Nem todo pessimismo é tristeza e frustração. Há atitudes pessimistas que valem mais do que atitudes otimistas. É válido o pessimismo que não acredita na mistificação, nas negociatas políticas, no altruísmo das corporações transnacionais. É legítimo o pessimismo que não se deixa embair. É construtivo o pessimismo que se rebela contra o banditismo econômico que sangra as veias do povo brasileiro. O renomado Norberto Bobbio escreve que, em fases de decomposição política, econômica e social, "o pessimismo é um dever civil". Com sabedoria, Bobbio justifica essa posição: "Dever civil porque o pessimismo radical da razão pode despertar, com uma sacudidela, aqueles que ainda não se deram conta de que o sono da razão gera monstros".

Há situações degradantes que reclamam o pessimismo como "dever civil". Perante práticas mercenárias, é preferível ser pessimista radical, que não acredita nos espertalhões, a ser otimista festivo, que corteja a injustiça e enverniza a miséria. O pessimismo radical e o otimismo militante podem aliar-se em favor da humanidade. Integrar otimismo e pessimismo pode parecer loucura. Mas a loucura é mesmo paradoxal. Essa loucura mantém a razão acordada para que os "monstros" não devorem a germinação dos justos, dos sábios, dos solidários, dos pacifistas e dos insubmissos.

Consonância existencial

Coerência vem do termo latino *cohaeres*, que significa "ter herança comum, herdar com outros". É entroncamento genealógico e antropológico. É fio condutor que entrelaça funções e ações humanas. A coerência integra dimensões pessoais e estabelece seqüência orgânica entre as fases da vida. Coerência gera coesão.

A incoerência fragmenta o ser humano. Desunifica a personalidade. Esgarça-lhe o tecido. A incoerência instala contradição dentro do ser humano. A incoerência renega-se porque sua atitude posterior contradiz a atitude anterior. E por ser ilógico, o incoerente descaracteriza-se. É um "sim" que vira "não", em cada curva da vida.

Há diversas formas de coerência. A coerência epistemológica articula sistemas de pensamento e teorias científicas. A coerência psicológica equilibra o psiquismo, harmoniza razão e emoções. A coerência política elabora leis e programa ações em benefício da população. A coerência ética vincula procedimentos pessoais e sociais aos valores morais. A coerência religiosa traduz a Fé em vida concreta. A coerência antropológica orquestra a constelação pluridimensional do ser humano.

Coerência não é imobilismo. É dinamismo em permanente maturação. Coerência, conquista-se. Ninguém nasce totalmente coerente. É preciso educar-se para a coerência. Mudar a vida por motivos legítimos não é incoerência. É desenvolvimento e consolidação da coerência.

A incoerência deseduca o ser humano. Transforma-o em "caniço agitado pelo vento". A incoerência procria o oportunista e o ladino, que moldam suas atitudes de acordo com as vantagens que lhes são oferecidas. O incoerente leiloa-se como qualquer objeto.

A coerência é harmonia entre existir, pensar e fazer. Confere sentido lógico aos passos conscientes e livres. A incoerência é dissonância, submete o ser humano a práticas ilógicas. A coerência suscita confiança. A incoerência repassa desconfiança. A coerência assume o sentido da vida. A incoerência açula a irresponsabilidade. A coerência torna o ser humano definido, resoluto, indobrável. A incoerência desfibra a personalidade, amarfanha a consciência. Torna o ser humano elástico, tortuoso. O coerente prefere sacrificar interesses para não trair seus companheiros. O incoerente prefere trair companheiros para não perder lucros desonestos.

Felizmente, a humanidade está questionando a erosão provocada pela incoerência política, econômica, social e ética. Vozes inquietas clamam por coerência. A coerência é critério para avaliar a ascensão e a decadência da humanidade. Em grande parte, a história da humanidade é a história de sua coerência e de sua incoerência. A coerência sintoniza palavras, gestos, lutas, avanços históricos. A coerência promove a gênese da convergência sociocultural. E faz do ser humano consonância existencial.

Capítulo VI
REBELIÃO ANTROPOLÓGICA

Clonagem sociológica

A humanidade realizou grandes conquistas, especialmente no plano científico e tecnológico. Os setores do sistema vigorante utilizam esses avanços modernos para uniformizar as pessoas e padronizar a mentalidade social. Estimula-se o "pensamento único". Pensar como os outros pensam, e fazer como os outros fazem. É o "concordismo" analisado por Teilhard de Chardin. O concordismo reproduz cópias, multiplica o modelo predominante, enquadra idéias, gostos e costumes. É a sociedade gregária, que impede a discordância e veta alternativas. E, então, a população adquire fisionomia de massa. Os que pensam de outra forma são tidos como tropeço, os que buscam outros caminhos são ameaça às instituições. Assim, adota-se o *clonagismo*. A sociedade existente auto-reproduz-se em forma de clonagem. É a clonagem sociológica.

A tendência dominante é reduzir a autonomia do ser humano. É homogeneizar a sociedade. Fomenta-se a pedagogia do treinamento maciço, que leva o ser humano a proceder de acordo com o "modalismo". A autonomia anestesiada ou sufocada favorece a manipulação. Perder a autonomia é submeter-se às imposições dos grupos hegemônicos.

Temos humanidade dicotômica. Minoria dominante e maioria dominada. A minoria poderosa subjuga a maioria da humanidade, mediante o poder econômico, político, científico, tecnológico e bélico. A autonomia da maioria está sendo engessada. O sistema de vida que tenta impor-se ao mundo programa o homem para submeter-se aos interesses das corporações internacionais, e para alinhar-se com as decisões neocolonialistas. Para este sistema, a autonomia do ser humano é estorvo. E a independência é sepultada para que não venha *des-programar* o sistema em curso. E para justificar o clonagismo, os donos do poder alegam que a autonomia introduziria o caos na ordem mundial.

Herança cultural deformante considera a pobreza e a desigualdade social como componentes "naturais" da sociedade. Para essa mentalidade arcaica, os excluídos e injustiçados são incapazes de exercer autonomia. São atrasados. Mas, quando os pobres reivindicam seus direitos, são tidos como petulantes e ingratos. E, quando os despossuídos reclamam justiça, são carimbados como baderneiros.

A história precisa de humanidade movida pela autonomia, e não decalcada pelo adesismo. O futuro da humanização está na autonomia, e não nos sistemas organizados em benefício de minorias. A clonagem sociológica vem de longe. Antecipou-se à clonagem biológica. Já houve muita "civilização" escravocrata. Mas não há mais espaço para a tolerância. Renunciar à autonomia para viver no sossego é covardia. A humanidade clama por surto de autonomia que venha barrar a clonagem do servilismo crônico. Que a voz da autonomia fale mais alto do que o fascínio do poder. Sociedade crítica não admite que se financie o festival da minoria com a fome da maio-ria. A humanidade há de sublevar-se para varrer o lixo da sujeição. Chegou a hora de substituir o paradigma da clonagem social pelo paradigma da autonomia coletiva. Para isto, a autonomia há de permanecer rebelada.

Pulsação emancipatória

O ser humano possui constituição original. É universo dinâmico, com inesgotável potencialidade histórico-cultural. O ser humano pensa e decide, fala e interpreta, concorda e discorda, acerta e erra. Recria a natureza e inventa-se a si mesmo.

O ser humano tem sentido de transcendência. Não é coisa, objeto, nem instrumento. Sua consistência é de significado, e não de volume. O ser humano pode ser um fragmento ao pé da montanha gigantesca. Mas esse fragmento esquadrinha cientificamente a natureza da montanha compacta. Ao passo que a montanha imensa não tem como filosofar sobre o homem.

No mundo de hoje, deveríamos ser humanidade emancipada. Humanidade que se autodefine e se autoconduz. Todo ser humano deveria ter condições para pensar, decidir e agir com autonomia. Cada personalidade teria de ser existência emersa, e não submersa, voz emancipada, e não soterrada. Cada ser humano deveria ser carvalho resoluto, e não folha flutuante. Cada consciência deveria ser foco de resistência lúcida, e não fagulha apagadiça. Não basta o olhar quantitativo: seis bilhões de habitantes no mundo. Importa entender a presença de *Anthropos* em cada vida inteligente e dialogal. O homem é liberdade criadora, e não cifra estatística. Cada "eu" é original, e não pode ser banalizado. Emancipação não é favor outorgado pelo positivismo. É exigência inata na substância antropológica.

Jurgen Habermas analisa o "dogmatismo" como incapacidade de auto-reflexão, como existência não livre. O dogmatismo é utilizado para sufocar o surto emancipatório e impedir a discordância. Esse dogmatismo embarga a liberdade. Obriga o ser humano a aceitar o inaceitável, a justificar o injustificável.

Sábia a advertência de Habermas: "Só o eu que se coloca a si mesmo como sujeito adquire autonomia. O dogmático vive como sujeito dependente". O filósofo postula a "auto-reflexão emancipatória que muda a vida". Há que optar entre ser sujeito emancipatório ou ficar atrelado aos senhores do mundo. Fichte escreve altivamente: "O tipo de filosofia que se escolhe depende do tipo de homem que se é".

A cultura tradicional tende a insistir mais na submissão do que na emancipação. É a cultura da chamada elite dominante. Mas sufocar o potencial de emancipação é regredir à servidão. É necessário desenvolver processo humano que promova a emancipação autêntica. Emancipação não leva à irresponsabilidade. Ao contrário, amadurece a responsabilidade das pessoas. Se quisermos humanidade madura e mais responsável, há que educar as gerações para a emancipação. Ser submisso e dominado é ser escravo. E escravo executa o mandado, mas estritamente não assume responsabilidade.

A insubmissão consciente é germe de emancipação, porque derruba opressões e libera a criatividade. Humanidade responsável passa pelo caminho emancipatório, e não pela via da subordinação. O verdadeiro emancipado é "in-subordinado". Defender a subordinação do ser humano é perpetuar a mentalidade autoritária escravista. Mais do que no passado, hoje é imprescindível cultivar a pulsação emancipatória, que está latente no ser humano.

Rebelião

O ser humano é dialético. Nele, trava-se a luta entre a submissão e a emancipação. O arcaísmo submete o ser humano ao passado, alegando que sempre houve senhores e súditos. O modernismo submete o ser humano a ídolos que o devoram. O conformismo submete o ser humano à inércia que estanca a criatividade. O pseudo-irenismo submete o ser humano à paz-sossego que adormece escrúpulos. O pragmatismo submete o ser humano ao utilitarismo lucrativo. A mentalidade latifundiária submete os trabalhadores ao arquétipo que reproduz a escravidão até hoje.

Outra forma de impor submissão ao ser humano é aviltá-lo com a miséria, é debilitá-lo com o desemprego, é envergonhá-lo com o analfabetismo, é imobilizá-lo com o medo.

Contudo, a pulsão fundamental do ser humano é emancipatória. "Mancípio", derivado de "mancipium", significa "dependente, escravo, objeto de troca". "E-mancipar" é retirar do *mancípio*, é arrancar da dependência e da escravidão.

Emancipar-se é tornar-se autônomo. É ser livre para escolher, e ser responsável para assumir a escolha. É *ser-insubmisso*. Todo ser humano é chamado a emancipar-se. Emancipar-se é exigência ontológica, psicológica, política, social, econômica, jurídica, cultural e moral. A submissão aprisiona o ser humano. A emancipação descativa-o.

Emancipar-se é rebelar-se contra a submissão, é insurgir-se contra a servidão, é sublevar-se contra a "ordem" opressora. Em *Homem revoltado*, Albert Camus escreve: "Ao negar seu senhor, o escravo afirma que tem razão". Importa resgatar o sentido positivo dos termos "revolta", "insurreição" e "rebelião", que foram estigmatizados pela mentalidade senhorial.

"Re-volta" é enviar de volta o que é devido. É devolver. A revolta devolve ao ser humano a dignidade que lhe fora usurpada pela submissão. Revolta é reconquistar o direito que foi abolido arbitrariamente. É recuperar a igualdade que foi engolida pela desigualdade. Revolta não é voltar ao passado. É retomar o valor roubado.

O sistema autoritário atribui à "revolta" o significado negativo de sedição, motim, movimento contra o poder estabelecido. No entanto, é preciso reconhecer o sentido construtivo de revolta. A legítima revolta do povo cobra o direito que lhe tem sido subtraído cronicamente. Revolta justa pode obrigar os corruptos a "devolver" o dinheiro público que roubaram. A pedagogia tradicional, regida pelo elitismo autoritário, é contra a revolta. Mas é indispensável que a pedagogia crítica eduque as gerações também para a revolta autêntica, que ajudará a sociedade a reaver valores que lhe foram sonegados.

Revolta não é violência nem destruição. É atitude emancipatória. Por falta de revolta, muitos abusos perpetuam-se cinicamente. No mundo manipulado por técnicas sofisticadas, só haverá emancipação efetiva se o ser humano semear inconformismo maduro. A revolta ajuda a superar a estagnação. A insurreição derruba o servilismo. A rebelião libera a humanidade jugulada. O rebelde responsável não é inimigo. É cidadão.

A grande matriz para soluções é o ser humano. O povo brasileiro possui potencial imenso. E não pode submeter-se a servidões. O povo terá de reagir e fazer valer seus direitos. Hoje, o direito ao trabalho foi substituído pelo direito ao lucro. O direito à vida foi substituído pelo direito a concentrar riquezas e poder. A sociedade terá de rebelar-se contra as falsas justificativas que a enganam. Há versões oficiais que afrontam o senso crítico brasileiro. Basta de resignação. É hora de sadia indignação. "Não" ao ódio e à violência. E também "não" à miséria e à submissão. Levante-se uma onda lúcida de revolta nacional contra aberrações políticas, econômicas e sociais.

O ser humano começa a rebelar-se. Não aceita mais ser objeto, mercadoria. A rebelião antropológica derruba a servidão para reconstruir a sociedade feita de gente, e não de escória. A rebelião autêntica emancipa seres humanos anulados para que se tornem protagonistas de nova história. A revolta justa inclui paz sólida. Camus explicita o sentido de revolta emancipatória: "Compreende-se que a revolta não passa de um estranho amor". Sem dúvida, "estranho amor", esse que habita na revolta. A rebelião do amor emancipa a humanidade humilhada.

Grito da justiça

Na pós-modernidade, vivemos situação paradoxal. Há flagrante desproporção entre o significado do ser humano e o tratamento que lhe é destinado. Proclama-se, com razão, que o ser humano é pessoa consciente e livre, capaz de planejar a sociedade e transformar o cosmo. O ser humano é gênese de pensamento, decisão e criatividade em nosso universo. Por outra parte, não se garantem a dignidade, o direito e o lugar que são devidos a todo ser humano. Há humanidade desrespeitada.

Milhões de seres humanos submetidos a constrangimentos são descartados como inúteis e incômodos. Isso não acontece apenas com idosos e desqualificados, mas também com jovens e profissionais habilitados. Seres humanos são empurrados para fora da convivência ativa.

"Não há vagas." Esse aviso não é apenas sinal do crescente desemprego. É também símbolo de rejeição à humanidade. Para muitos seres humanos, "não há vagas" na sociedade. Podem perambular pelos espaços urbanos e campestres. Mas não conseguem espaço para ser agentes do dinamismo social. Mais que exclusão sociológica, estamos tendo exclusão antropológica. Muitas pessoas são vistas como se não tivessem a identidade da espécie humana. Teoricamente, sabe-se que todo ser humano é racional e livre. Mas, concretamente, inúmeras pessoas não encontram vagas na elaboração sociocultural. Essa aberração está preocupando a humanidade responsável. A consciência crítica repudia esse fenômeno desumano.

Setores que acumulam poder econômico, político, científico e tecnológico apoderam-se do mundo e excluem a parte empobrecida da humanidade. Porém, a visão planetária mostra que o planeta Terra pertence a toda a humanidade. E deve estar a serviço de todos, e não apenas a serviço daqueles que reduzem gente a mercadorias rentáveis. O atual sistema mundial fecha-se em torno de seus interesses e lucros, e não tem apetência para re-inserir os rejeitados no corpo social. Preocupar-se mais com a oscilação da bolsa do que com o destino da humanidade é sintoma de decadência.

A reintegração social efetiva terá de emergir também do próprio ser humano excluído. Diante do poderio mundial, parece ingenuidade acreditar no levante de seres humanos debilitados. Mas onde há ser humano há espírito inteligente, ímpeto de liberdade e cerne de tenacidade. O que define o ser humano é a emancipação, e não a submissão. Os relegados são chamados a congregar as energias que lhes restam, para recuperar o lugar social que lhes pertence e do qual foram injustamente despejados. A libertação dos exilados sociais será tecida também pela fibra de mulheres e homens, curtidos pela carência e pelo sofrimento. Excluídos que não capitulam. Injustiçados que não abdicam de seus direitos. Humilhados que não abandonam sua dignidade.

Já começamos a sentir a autogerminação da rebeldia que rumoreja no sangue anêmico, nos ossos secos, no corpo encardido, na voz rouca, no gesto indômito, no intelectual acordado, no profissional desperdiçado, no sopro crítico, no impulso criativo, na atitude profética. No subsolo da sociedade excludente, clama a humanidade machucada. Aqui, não há pingo de ressentimento nem de ódio. Há grito da justiça rebelada que não se cala.

Maquiavel e La Boétie

Nicolau Maquiavel e Etienne La Boétie são autores do século XVI. Maquiavel escreveu O *Príncipe* em torno de 1513. E La Boétie escreveu *Discurso da Servidão Voluntária* por volta de 1574. Dois autores célebres com filosofias frontalmente opostas. Maquiavel coloca seu livro a serviço do poder abusivo dos príncipes. O livro de La Boétie insurge-se contra os tiranos. Mas o impressionante é que ambos são atualíssimos.

Maquiavel ensina como conquistar e manter o poder. Para alcançar o poder e submeter o povo, todos os meios são legítimos. O Príncipe dita normas para exercer o poder com astúcia. Com linguagem direta e sedutora, aponta truques políticos e métodos inescrupulosos que permitem anular adversários e subjugar o povo. Maquiavel reconhece que a liberdade é perigosa. E aconselha o Príncipe a suprimir a liberdade dos cidadãos, para não perder o poder.

O Príncipe soube captar o *safadismo* político vigorante e entender a psicologia manhosa de quem ambiciona o poder a qualquer preço. "O Príncipe deve vencer pela força e pela astúcia; fazer-se estimado e temido pelo povo." E, sagaz, diz Maquiavel: "O mal há de fazer-se de uma vez, para que doa menos; e os benefícios devem ser feitos aos poucos para serem saboreados". No seu escrito, Maquiavel registra e recomenda práticas políticas torpes que são utilizadas até hoje.

La Boétie salienta o ser humano como pessoa inteligente e livre, como espécie racional situada acima da escala animal. Por isso, espanta-se ao verificar que o ser humano capitula, e abdica de sua dignidade e de sua liberdade. Não se conforma ao ver que o povo entrega o potencial de sua liberdade e de seus direitos aos que exercem o poder. Considera que, em geral, os tiranos são produtos da população habituada à submissão. Lamenta a conivência do povo que adere a políticos espertalhões, hipotecando-lhes apoio. Com isso, o povo debilita-se e fortalece o poder que o esmaga. Escreve La Boétie: "É surpreendente ver milhões e milhões de homens miseravelmente subjugados e de cabeça baixa, submissos ao jugo deplorável, porque são fascinados e enfeitiçados pelo nome de *um* que não deveriam temer". Para La Boétie, a omissão e a tolerância do povo favorecem tiranias políticas e econômicas.

Maquiavel ensina como dominar o povo, enganando-o. E como imobilizá-lo, destruindo-lhe a liberdade. E disso temos fartos exemplos entre nós e no mundo. La Boétie ensina a mobilizar a liberdade contra a dominação imposta ao povo pelo hábito e pelo poder. A grande contribuição de La Boétie foi mostrar que o povo enterra sua liberdade para consolidar os desmandos políticos e econômicos. Infelizmente, o povo rende-se à magia do poder. E faz-se "voluntariamente" servo. É a "servidão voluntária" de que fala o livro de La Boétie. A *demissão voluntária* dos trabalhadores é um exemplo modelar da "servidão voluntária". O cinismo da "globalização" desafia e humilha os trabalhadores: ou aderem "à demissão voluntária" ou serão despedidos impiedosamente. São livres e podem escolher. Mas, de qualquer forma, perderão o emprego. É a edição pós-moderna da "servidão voluntária".

Perante a "servidão voluntária" está faltando a *rebelião voluntária*. Falta a insurreição do povo livre. É tempo de acolher o apelo de La Boétie: "Decidi não mais servir e sereis livres". Que os povos livres se rebelem. E retirem seu apoio ao poder que os mistifica e subjuga com os sorrisos diabólicos da "servidão voluntária".

Adesismo ou opção?

Atualmente, espuma a onda adesista. As pessoas aderem apressadamente a idéias, a sistemas políticos, a expressões culturais, a credos religiosos. São mimetistas. Absorvem os modelos ambientais, adaptam-se rapidamente a padrões sociais. O adesismo leva as pessoas a ser o que os outros são, a fazer como os outros fazem. O adesista bandeia-se para interesses rasteiros. Gravita em torno de vantagens. Madruga nas filas que hipotecam apoio aos mercadores. O adesismo tange a multidão como ovelhas.

O adesismo é fomentado pela publicidade sedutora, patrocinada pelos detentores da riqueza e do poder. Critérios e interesses dos setores dominantes são inoculados no inconsciente popular. E as pessoas incorporam atitudes introjetadas como se fossem decisões de sua própria vontade. O adesismo subordina o ser humano a interesses que lhe são estranhos. Aliena pessoas e dissemina servilismo. E, vítimas instrumentalizadas, chegam a agradecer a seus manipuladores.

Mas, se o adesismo desmedula o ser humano, a opção confere-lhe consistência. A opção é fenômeno consciente. E provoca surto antropogenético. Quem opta por alguém ou por alguma coisa move-se por razões fundamentadas. Optar é exercer a liberdade. Quem opta escolhe rumos. Ao optar, o ser humano afirma-se. Optar é ação eminentemente responsável. Optar significa assumir a decisão e responsabilizar-se pelo destino pessoal. A opção responde pelos passos feitos e por suas conseqüências. Optar é o agir típico da personalidade autônoma. Quem opta é capaz de concordar e discordar. E pode aderir a procedimentos circundantes, como pode contestá-los e rejeitá-los. Ao optar, o ser humano define-se. E revela sua identidade.

A opção emancipa o ser humano. O adesismo aprisiona-o. A opção realiza o ser humano. O adesismo *des-realiza-o*. Na opção, o ser humano determina-se a si mesmo, e por si mesmo. No adesismo, o ser humano é determinado por fatores extrínsecos. Na opção, o ser humano conduz-se. No adesismo, o ser humano é conduzido. Na opção, o ser humano é pólo. No adesismo, o ser humano é satélite. A opção personaliza. O adesismo despersonaliza. Opção é pedagogia da emancipação. Adesismo é didática da submissão.

O adesismo é metodologia moderna empregada para dominar pacificamente a sociedade. Sistemas políticos e econômicos, movimentos sociais e místicos utilizam meias-verdades e versões distorcidas para capturar pessoas e obter adesão complacente da população. Existe, certamente, adesão consciente legítima. Assim, aderir à justiça é salutar. Todavia, o adesismo acrítico ou vantagista pode avalizar procedimentos nocivos à sociedade. Aderir a sociedades injustas é cumplicidade.

O ser humano faz-se por meio de opções refletidas e desfaz-se mediante adesões maciças. O adesismo é forma de subordinar mansamente o povo. A opção introduz ruptura benéfica no adesismo caudatário. E, com isso, as vítimas aliciadas pelo sistema dominante rebelam-se e descativam-se. O futuro de nova humanidade não reside no adesismo repetitivo, mas na opção criadora. O adesismo perpetua o mundo injusto que aí está. A opção audaciosa e inovadora poderá germinar outro mundo. Mundo onde se ouça a voz de todos.

Mundo onde a originalidade de cada ser humano seja respeitada, e não estereotipada.

"Não me rendo"

Por essência, o ser humano possui potencial crítico, capacidade para avaliar fatos e liberdade para conduzir-se.

Nem sempre é esta a situação histórica vivida pela humanidade. Por causa de suas limitações, o ser humano está sujeito a muitas deformações. Freqüentemente, é transformado em *adesivo* social. É levado a repetir os outros, a proceder como os outros procedem.

Daí, por que é hodierna a peça *O rinoceronte* do genial dramaturgo Ionesco. Em 1960, Ionesco narra como surgiu *O rinoceronte*. O escritor Denis de Rougement estava na Alemanha e pôde testemunhar o delírio histérico com que a multidão aclamava Hitler em Nuremberg. Até Rougement começou a sentir-se contagiado pelo espetáculo passional. Mas conseguiu afastar-se daquele delírio coletivo.

O rinoceronte estigmatiza os totalitarismos, sobretudo o nazismo. Quando os alemães invadiram a França, na Segunda Guerra Mundial, Ionesco ficou chocado ao ver que setores franceses aderiam à ocupação alemã. Tentavam justificar-se: "Eles não atacam, não nos incomodam". Foi esse contexto de subserviência que incitou Ionesco a escrever *O rinoceronte*.

O rinoceronte denuncia o fenômeno do adesismo contagiante. As pessoas perdem o senso crítico e a autonomia, e vão aderindo a sistemas totalitários, a culturas massificantes, ao poder, ao grupo hegemônico. É o triunfo da padronização social, sob forma irracional. Cada qual quer ser igual aos outros e tem medo de ser diferente.

De repente, um rinoceronte aparece nas ruas da cidade. Assustados, os moradores comentam o fato estranho. Dúvidas, opiniões divididas. Era um ser humano transmutado em "rinoceronte", um quadrúpede pesado e bronco, que esmagava gatos com a pata e derrubava paredes e escadas com o focinho cornudo. O símbolo da "Besta". E vão aparecendo muitos outros "rinocerontes". Patrões, funcionários, o professor, o intelectual, a madame, o cardeal, as autoridades aderem ao *rinocerontismo*. "Um mar de rinocerontes." Já são a maioria e detêm o poder. Todos querem tornar-se rinocerontes, porque temem ficar sozinhos.

Dudard justifica a mudança para rinoceronte: "Não se deve levar muito a sério os originais. A média é que conta". Enquanto Bérenger ataca o *rinocerontismo*, Dudard defende-o: "O que há de mais natural que um rinoceronte?", diz ele.

Quase todo o mundo virou rinoceronte. Sobraram Bérenger e sua amada Daisy. Mas Daisy começa a capitular: "Talvez os anormais sejamos nós". Bérenger ainda resiste: "Não os seguirei". Contudo, a pressão adesionista abala Bérenger: "Ficamos sozinhos". E depois que Daisy o abandona para aderir aos rinocerontes, Bérenger arrepende-se de não haver feito o mesmo: "Como me arrependo... eu sou um monstro, tenho vergonha". Nada mais trágico do que abdicar da personalidade para aderir. Para adotar a atitude dos outros. Mas, repentinamente, Bérenger recupera-se e grita: "Eu me defenderei contra o mundo. Sou o último homem. Não me rendo".

Em época de tanto adesismo e de tanta rendição, resistir é questão de dignidade e de saúde ética. O homem brasileiro não pode perder sua originalidade para copiar os outros, não pode perder a autonomia para ser peça do mundo, não pode abandonar sua cultura para desnaturalizar-se com a cultura importada, não pode vender o caráter para aderir a procedimentos cínicos. No entanto, poderosos setores nacionais amoldaram-se fervorosamente ao "rinoceronte" da globalização neoliberal. Apesar de tudo, que o brasileiro seja núcleo humano original, crítico e insubmisso. Talvez "o último homem". Mas adesismo não. Que o brasileiro tenha a coragem de sustentar a decisão ousada de Ionesco: "Não me rendo".

"Pátria dos insurretos"

Albert Camus é escritor francês, nascido na Argélia. Escreveu literatura e filosofia. Recebeu o Prêmio Nobel de Literatura em 1957. Participou da resistência francesa à invasão nazista. O livro *A peste*, que teve ampla repercussão, foi adaptado para o teatro com o título *Estado de sítio*. A peste havia sido epidemia que grassara no norte da África. Mas a peste contém sobretudo significado simbólico. Focaliza o totalitarismo e outros sistemas arbitrários.

Em *Estado de sítio*, Camus fala por meio de personagens. O Nada diz que os homens não estão em ordem, mas em fila. "Mentir é uma política." E por ser niilista, o Nada quer "suprimir tudo". Um Governador, que nada realiza, define-se: "Eu sou o rei da imobilidade". Surge a Peste, que apavora, semeia pânico, fome e medo. Proíbe-se reunião pública.

Aparecem um homem e uma mulher estranhos. O homem corpulento, com uniforme, vai ao Governador. Este lhe pergunta o que busca. O homem excêntrico avisa que pretende ocupar o lugar do Governador. Encabulado, o Governador quer saber quem é ele. E vem a resposta estarrecedora: "Sou a Peste. Preciso de seu lugar". A Peste pressiona o Governador, "contagia" pessoas e apodera-se do poder com "acordo livre".

A Peste começa a enquadrar a população. Todos devem viver dentro do regulamento, porque agora a "Peste é o Estado". As casas infectadas são marcadas com estrela preta e ostentam a inscrição: "Somos todos irmãos". Os habitantes são manchados na axila. É proibido prestar assistência aos "contaminados", os subversivos. Para evitar o contágio, cada cidadão deve colocar tampão com vinagre na boca. Isso previne o mal e "conduz ao silêncio". Exige-se que todos tenham "certificado de existência". Sem certificado de existência, haverá anarquia. E até para morrer, fica-se na fila. Há que usar a insígnia da Peste. A Peste manda fazer o balanço dos deportados e transformar os inocentes em culpados. E sádica, a Peste delira: "Executar é bela fórmula".

O Coro lamenta: "Desgraça. Estamos sós, nós e a Peste". E a Peste proclama: "Eu reino. Vosso rei tem unhas negras. Eu trago organização, silêncio e ordem". E o Nada explica a pedagogia dos ditadores: "Em lugar de fechar as bocas dos que gritam sua desgraça, fecham seus próprios ouvidos". O Coro confessa: "Temos medo". A Peste autoproclama-se forte e inocente. "Há uma só Peste e um só Povo." O Nada promete eleições livres, mas os votos contra o governo serão nulos.

Diogo revolta-se e é perseguido pelo sistema da Peste. Mas desafia o poder da Peste: "Matem-me. É o único modo de salvar esse sistema". E denuncia os covardes: "Cada um de nós está sozinho graças à covardia dos outros". Diogo convida a vencer o medo e a lutar contra a Peste. Conclama o povo a destruir os "certificados" e a abandonar as filas do medo. É a revolta.

A Peste ordena que Nada e a Secretária reajam contra a revolta, e que Diogo seja "riscado". A Secretária informa que é impossível. "Por quê?", pergunta a Peste. "Ele não tem mais medo", responde a Secretária. E Diogo liberta os amordaçados. E enfrenta o sistema: "Não baixarei os olhos. Enquanto viver, continuarei a desarrumar a bela ordem. Eis-vos vencidos porque existe no homem força indestrutível".

O pensamento de Camus é atual e fala muito à humanidade de hoje. Ensina a enxergar o poder da Peste, disseminado sorrateiramente nos sistemas autoritários, sobretudo no totalitarismo da era globalizada. O medo debilita as pessoas e fortalece o sistema da Peste. Mas, quando a Peste quis exterminar Diogo, foi-lhe dito que era impossível derrotá-lo, porque "ele não tem mais medo". Quando o ser humano "não tem mais medo", torna-se invencível.

É preciso que o solidário prevaleça sobre o ilhado, sobre a "covardia dos outros". Camus vê o mar aberto e livre que clama pela "confraternização dos solidários". A sabedoria de Camus alerta: "O desespero é mordaça". Então, de pé, Camus ouve o Trovão da esperança, e grita: "Ó mar, pátria dos insurretos, eis que o povo jamais cederá".

Lyotard e pós-modernidade

O filósofo francês Jean-François Lyotard faleceu em Paris, em 21 de abril de 1998. Pertencia à geração dos "pensadores rebeldes", como Michel Foucault, Gilles Deleuze, Jacques Derrida, Félix Guattari. O pensamento de Lyotard é crítico, envolvente, freqüentemente irônico. Navega pela filosofia, estética e ética.

Lyotard desenvolveu sua filosofia no contexto da pós-modernidade. Diz que pós-modernidade não é o "recente". É fenômeno que "se situa após o contágio que recebeu das modernidades e procura curar-se delas".[1] A análise do filósofo sobre a pós-modernidade é crítica. Não se extasia com as propostas falazes e banais que dissolvem o significado específico da humanidade. Lyotard mira o ser humano em nível profundo. Tem paixão pela interioridade espessa da existência humana. Seu olhar concentra-se na medula antropológica que se oculta no segredo do existir pessoal. Sua reflexão procura captar e projetar o filão inesgotável da vida humana, em sua autenticidade.

A partir da consistência humana, Lyotard desmascara o controle social exercido por pressões, torturas, cerceamentos, sugestões e por democracias nominalistas. Regimes "democráticos" ornamentalizados pela pós-modernidade camuflam conteúdos ditatoriais. Há democracias que funcionam dentro da "legalidade" estabelecida pelos interesses dos poderosos, e podem amputar direitos da população cumprindo a "lei". Nessa linha, apregoa-se o "consenso" que faz "acordo" para manter o "desacordo" nos limites das conveniências hegemônicas. Esse tipo de acordo confina a liberdade.

O consenso ardilosamente induzido amolda as pessoas ao sistema que coloniza o mundo com recursos tecnológicos avançados. Daí por que setores desatentos aderem a propostas que lhes são nocivas, acreditando que lhes sejam favoráveis. E defendem o sistema que os devora. Por isso, Lyotard escreve com profundo senso crítico: "A consciência dos oprimidos é seduzida pelos valores do inimigo". O filósofo quer superar essa "servidão voluntária". E recomenda: "Mas é preciso libertar o oprimido no seu pensar para que se liberte da realidade".[2]

Ética é articulação forte no pensamento de Lyotard. Seu livro *Moralités postmodernes* diz que, apesar da sua futilidade, a pós-modernidade não impede que se coloquem questões éticas vitais:

[1]Lyotard, J. F. *Moralités postmodernes*, Galilée, Paris, 1993, p. 89.
[2]*Op. cit.*, p. 31.

"Como viver? Por que viver?". E explica que, hoje, as respostas éticas são diferentes porque a vida está aberta a todos os sentidos. Esse horizonte ético ajuda a resgatar a dignidade humana.

A filosofia de Lyotard convida a pensar e a repensar criticamente a realidade humana hoje. Os seres humanos não são objetos "permutáveis". O sistema atual reduz a linguagem a troca, e o diálogo a mercadoria. E Lyotard escreve: "Mundo estúpido da troca total, sob a regra do dinheiro e da mercadoria".[3] E o filósofo rebelado estigmatiza "o consenso que nos pede contribuir para a regulamentação das injustiças tão abundantes no mundo".[4] Palavra causticante para o mundo e, especialmente, para o Brasil de injustiças crônicas. Há os que estão preocupados em regulamentar as injustiças. Deveriam preocupar-se em aboli-las.

Sublevação da consciência

Consciência é saber que se sabe. É auto-reconhecer-se. Há seres humanos que sabem que são seres humanos. E há os que não sabem explicitamente que são seres humanos. O que faz a diferença é a consciência. Sábia a reflexão de Sciacca: "Nada mais difícil para o homem do que viver sempre com a plena consciência de ser homem". Sem a consciência, os seres humanos se nivelam às coisas. São trocáveis, como objetos.

O ser humano tem consciência. E mais. É consciência. A consciência ausculta a pulsação da existência humana. E exige coragem para reconhecer-se com sinceridade. Consciência é ver-se por dentro. A consciência enxerga a totalidade do ser humano. Percebe as intenções ocultas, desnuda o pensamento sujo, desvenda a trama traiçoeira, vara a cerração do desconhecido, carrega segredos, documenta a verdade, maravilha-se com os valores pessoais e inconforma-se com cercos opressores. Para a consciência não há esconderijo. Nada consegue furtar-se a seu olhar vigilante. A consciência vê muito, mas

[3]*Op. cit.*, pp. 178-179.
[4]*Op. cit.*, p. 182.

não deve dizer tudo que sabe. Conversar com a consciência não só alegra, mas também amedronta. A consciência não só tranqüiliza e aprova, mas também assusta e condena. Ser aprovado pela consciência é bem-aventurança. Mas ser condenado pela consciência é tragédia. É pela consciência que o ser humano se define.

Há seres humanos exteriormente iluminados, mas interiormente são trevas porque a consciência está apagada. E há seres humanos enfurnados na escuridão externa, mas são luzeiros internos, porque a consciência permanece acesa. Há escravos e espoliados que percebem tudo o que se passa, porque a consciência lhes aponta os responsáveis pelas injustiças sofridas. São vítimas conscientes, embora nem sempre consigam desmascarar seus carrascos.

A consciência lúcida pode persistir mesmo quando a liberdade haja sido algemada pela prisão, pelo exílio, pela injustiça ou pela pressão estrangulante. Símbolo da consciência inextinguível foi Nelson Mandela. Atravessou anos na prisão, mas não se rendeu. Faltava-lhe a liberdade indispensável. Mas, ancorado na consciência indobrável, prevaleceu.

Na fase atual, a estratégia preferida é conseguir a adesão espontânea da consciência. Conquistar pacificamente a consciência da população é método eficaz para dominar a humanidade, sem derramar sangue. Mas é impossível dominar a consciência crítica, que não se deixa enganar. Nesse caso, recorre-se à repressão.

Daí, os mártires da consciência. São aqueles que mantêm a consciência acesa com destemor. São vidas que não perdem a dignidade de ser humano, porque não perdem a consciência. Quando se perde a consciência, começa-se a morrer. Sem a consciência, o homem não saberia por que vive. Nem saberia quem é.

É pela consciência que a pessoa se reconhece como ser humano. O perigo é que a sociedade não se reconheça como valor humano, por falta de consciência. No mundo atual, a consciência está sendo banalizada, esquecida, e até cancelada. E a supressão da consciência embrutece a sociedade. Para superar a desumanização da sociedade, há que reacender as consciências apagadas. E, sobretudo, promover a sublevação das consciências apáticas ou atemorizadas.

Pedra de Sísifo

Mito é forma de interpretar o mundo e a humanidade. O mito procura explicar a origem da vida e da morte, a luta entre o bem e o mal, vitórias e catástrofes.

O semiólogo Roland Barthes escreve: "Mito é uma fala. Essa fala é mensagem". O mito comunica sentido que possibilita diversas aplicações. Mito é matriz de significados, possui mais conteúdo do que aparenta. Acumula herança cultural inconsciente. É arquétipo que ajuda a humanidade a descobrir-se e a explicar-se.

Sísifo é mito fértil. Foi fundador e rei de Corinto. Inteligente, sagaz, prevenido e criativo. *Autólicos* roubou-lhe os rebanhos e mudou-lhes a aparência para que não fossem reconhecidos. Mas *Sísifo*, que havia gravado seu nome no inferior do casco das reses, desmascarou o ladrão *Autólicos* e recuperou tranqüilamente seu rebanho.

Zeus, o deus maior, raptara *Egina*, filha de *Ásopo*. *Sísifo* surpreendeu *Zeus* com *Egina*, e avisou *Ásopo*. *Zeus* ordenou que *Tânatos*, deus da morte, matasse *Sísifo*. Usando astúcia, *Sísifo* acorrentou *Tânatos*. A partir daí, ninguém mais morria. Foi um transtorno. As funerárias fecharam as portas... Toda a "ordem" social mortífera entrou em crise. E, prefigurando o Estado que socorre bancos falidos, *Zeus* decidiu salvar a Morte. Determinou que *Sísifo* soltasse *Tânatos*. Em liberdade, *Tânatos* mata *Sísifo*, que, no inferno, foi condenado a rolar enorme pedra até o topo de uma colina. Do alto, a pedra despencava encosta abaixo. E *Sísifo* era obrigado a empurrá-la novamente para o cume. Seu destino era reproduzir esse ritual torturante, sem parar.

O mito de *Sísifo* revela muito do que acontece com a humanidade. De um lado, a humanidade é inteligente, inventiva, soluciona problemas, realiza conquistas científicas e tecnológicas. É capaz de preservar-se e superar-se. É tão sábia e engenhosa que consegue acorrentar a morte. E se *Sísifo* não aboliu a morte, pôde amarrá-la e adiá-la. É a humanidade que desata servidões para libertar-se.

De outro lado, *Sísifo* revela a humanidade vulnerável, quebradiça, sujeita a opressões. A pedra que castiga *Sísifo* martiriza também milhões de seres humanos. Vemos o povo prensado pela pedra da injustiça, esmagado pela pedra da dominação, torturado pela pedra da miséria. E, por toda parte, a humanidade de baixo suporta o peso da pedra da humanidade de cima.

Freqüentemente, o poder é aliado da morte. *Zeus*, o poder, soltou a morte para que matasse *Sísifo* e o condenasse ao sofrimento cruel. Também hoje, há governos e corporações econômicas que são aliados da morte. Protegem o grande capital e submetem a população à ruína, cortando-lhe recursos básicos indispensáveis à vida.

Sísifo alerta o ser humano para que não se deixe enganar por "*Autólicos*". E encoraja a lutar, apesar do sofrimento. *Sísifo* foi punido atrozmente porque acorrentara *Tânatos*. Aprisionou a Morte e libertou a Vida. Lutou por causa justa. Também a humanidade pós-moderna há de acorrentar *Tânatos*, que está matando demais por meio da violência e da pobreza degradante. A sociedade deve promover a explosão da vida, e não da morte.

À semelhança de *Sísifo*, a humanidade tem sido condenada a rolar a pedra, encosta acima. Os braços suados de *Sísifo* conclamam a humanidade a alijar as pedras que lhe esfolam os ombros. O ser humano há de reerguer-se teimosamente, mesmo quando alguma pedra lhe recaia sobre a fronte machucada. Já é hora de a humanidade rebelar-se contra a pedra da submissão opressiva, contra a pedra tirânica dos poderosos, contra a pedra do sofrimento injusto, para emancipar-se radicalmente.

Solitário

Solidão é fenômeno humano. É encontrar-se só. Sentir-se só. Solidão não se confunde com egocentrismo. Solidão é experiência vital. E pode espantar ou fascinar. Há algo de sedutor na solidão.

Solidão desértica é ermo. O ser humano experimenta o vazio, a amplidão despovoada. Apenas fiapo de nuvem fugidia e o gemido do vento vadio. A solidão cava ausência humana.

Solidão estéril é *inercialização*. Tudo roído pelo nada. "Sentei em cima de nada", diz Guimarães Rosa. Nada se planta, nada se cria.

Nenhuma germinação, nenhuma ressonância. Nem vida, nem ruídos. Tudo seco.

A solidão excludente empurra, para fora da sociedade, os relegados, pobres, discriminados, desempregados, desabrigados. Solitários ilhados na periferia socioeconômica. São como se não fossem.

A solidão confinatória tranca seres humanos na "sociedade de controle". São exilados dentro da sociedade. São obrigados a calar a voz e a ocultar a face. Para eles não há lugar. Hoje, confinam-se democraticamente aqueles que descontentam o sistema dominante. Mantê-los solitários é técnica para anulá-los.

A solidão agônica espalha desolação. O arquétipo é o Getsêmani. O suor no rosto e o pânico na alma. Abandonado pelos amigos e traído pelos adversários, o solitário mergulha na angústia. E grita desamparo.

A solidão habitada carrega presenças, lembranças, afetos, utopias, raivas, esperanças. Há solitários repletos de fisionomias e vozes, de vitórias e frustrações. Estão sós. Mas por dentro abrigam tumulto.

A solidão consistente confere ao solitário resistência interna, para que não se deixe absorver pelas atrações publicitárias, nem se deixe dominar pelas pressões dos poderosos. O solitário consistente é o "ser-si-mesmo" que mantém a identidade antropológica. É sujeito autônomo que não aceita ser manipulado como mercadoria.

A solidão desnudante retira a máscara do ser humano. O solitário revela-se a si mesmo. Enxerga-se com os próprios olhos, e não com os olhos dos outros. Desnudado, o solitário sabe que não pode enganar-se, nem esconder-se. Torna-se diafânico. Inteiramente exposto. É transparente para si e para Deus. Essa solidão reclama autenticidade.

A solidão heterogênea promove e preserva a originalidade de cada ser humano. Não admite que o solitário seja adesista e covarde. A onda atual é homogeneizar as pessoas para que sejam cópias do padrão imposto pelo "consenso" unilateral. Apregoa-se o uniformismo para que não haja discordância. Mas o solitário é irredutível. Não é absorvível.

A solidão fecunda concentra o espírito criador. Para pesquisar, inventar, criar arte, suscitar projetos, elaborar soluções políticas, econômicas e sociais é necessário que haja o recolhimento da sabedoria e a fertilidade da solidão. O ermo cultural ajuda a inovar.

A solidão profética sustenta o ser humano que foi abandonado por todos. O solitário olha ao redor e vê-se sozinho. Humilhado, injustamente acusado. Ninguém lhe estende a mão, nem mesmo o olhar. Sente-se perdido. O solitário soluça. Chora fundo. E, no abandono, sente-se tentado a desistir. Mas a solidão pede definição de vida, e não fuga. E, apesar da amargura, o solitário reapruma-se. Ergue a fronte. O olhar devassa a vastidão espichada. E o solitário parte sozinho. Pisa firme. Destemido, enfrenta a ventania despregada. E vai, porque Deus não o abandonou. Sublime solitário que não fugiu, não traiu, não aderiu nem se vendeu. Em momentos decisivos, vale mais ser solitário do que ser aplaudido por multidões.

Capítulo VII

CONCHA LINGÜÍSTICA

Habitação cultural

O ser humano é cultural. A cultura abrange tudo o que é elaborado pelo homem. Não se reduz às letras, às artes e à filosofia. A cultura é universo amplo e complexo, constituído por costumes, hábitos, normas, valores, sistemas de pensamento, crenças, ética, arte, técnicas, política, economia, organizações, estilos de vida e formas de hierarquia. Uma das áreas culturais mais fértil é a linguagem.

Cultura é *Ethos*. E *Ethos* é morada, habitação, ambiência. *Ethos* significa também costumes, modos de viver e de conviver. O ser humano mora no *Ethos*, na cultura. Emmanuel Levinas desenvolve original reflexão sobre "habitação". Habitação é o universo onde o ser humano se recolhe, desfruta a intimidade e protege-se das tempestades. Habitação cultural é onde o ser humano "mora" e demora, onde o ser humano se detém e se faz. O ser humano agarra-se à morada cultural como se agarra à residência física. E preserva seu "habitat" cultural aconchegante. Na habitação cultural, o ser humano circula desembaraçado. Sente-se em casa. A cultura é residência ainda mais envolvente do que a habitação material. A morada cultural varia de acordo com as sociedades. A habitação cultural dos brasileiros é diferente da morada cultural do Japão, dos Manus e Tchambulis da Oceania.

Ao nascer, as pessoas trazem seu patrimônio genético. E, aos poucos, vão absorvendo e incorporando os traços culturais da sociedade em que nascem. A dinâmica cultural plasma, em grande parte, a personalidade humana. Deleuze e Guattari mostram que a "produção da subjetividade" vai sendo tecida pela ambiência cultural. Michael Hardt diz que "a subjetividade não é original, doada desde o início, mas se forma no campo das forças sociais". De fato, a influência cultural é constitutiva da existência humana.

Há traços culturais que ativam a consciência, a liberdade, o senso crítico e a participação emancipatória. Mas há traços culturais que alienam a população e coonestam perversidades sociais. A cultura contém valores substanciais, mas também carrega traços colonialistas, escravistas, autoritários, oligárquicos e antipopulares. Por isso, a sociedade continua a tolerar abusos públicos, a suportar injustiças, a contornar desigualdades, a conviver com a miséria, a engolir o extermínio de direitos trabalhistas. Freqüentemente, a população permanece inerte e desnorteada porque sofre os efeitos anestesiantes da cultura apassivadora e despersonalizante. Nesse caso, não se pode condenar a população que é vítima de hábitos culturais desumanizantes.

Em geral, a sociedade tende a ficar onde está e como está. Mudar hábitos culturais é dilacerante, é perder pedaço da própria carne. "A mudança espanta e machuca", diz Montaigne. A resistência às mudanças sociais está ancorada na resistência às mudanças culturais. A estrutura cultural obsoleta bloqueia mudanças políticas, econômicas e sociais benéficas.

Para mudar o que deve ser reestruturado, é necessário mudar a matriz cultural da sociedade. Mudança social requer também mudança cultural. A gente brasileira merece habitar nova cultura, onde suas aspirações, tradicionalmente sufocadas, possam vingar e amadurecer.

Concha lingüística

A filosofia da linguagem ajuda a captar a especificidade humana. A linguagem traduz a essencialidade pensante e diz o que é o ser humano. A concha lingüística é antropologia arqueológica, na acepção de Michel Foucault. Linguagem é o ser humano em estado de fala. Não é tagarelice, como lembra Heidegger. É narrativa ontológica do homem.

O ser humano está nas residências, nas ruas, nos escritórios, na escola, no trabalho, nos estádios, nos templos, nos transportes. Mas é na linguagem que o ser humano se encontra de forma eminente. É na linguagem que a pessoa se mostra e se esconde, se codifica e se descodifica. É na linguagem que o ser humano discursa e emudece, canta e chora, reza e blasfema, sorri e sangra, cresce e definha. A linguagem acaricia e agride, seduz e amedronta, ama e maltrata, lança sementes e sufoca projetos.

A linguagem é histórica. Não só narra a história, mas faz história. Entender a linguagem de um povo é entender-lhe a história. A evolução da linguagem registra os saltos e os retrocessos da humanidade. No trançado da linguagem habita a história humana. História viva e vivida. História diafânica e criptográfica, história transparente e cifrada, definida e ambígua. A linguagem é a história da liberdade e da escravidão, da justiça e da violência, da igualdade e da discriminação. É a história da vida e da morte, da fartura e da miséria, do direito e do preconceito.

"Casa-Grande e Senzala" é linguagem que sintetiza séculos de prepotência senhorial e de humilhação escravista. "Moleque" é palavra execrável porque denominou o menino escravo. "Cambada" é pejorativo porque designou o lote de escravos africanos que desembarcaram aqui, acorrentados uns aos outros para não fugirem. Em setembro de 2000, o chefe do governo brasileiro usou a expressão "nacionalismo botocudo" para ridicularizar cidadãos críticos que defendem os valores nacionais. Usou o termo "botocudo" em sentido depreciativo, como culturalmente atrasado. Ora, "botocudo" é tribo indígena nacional, gente brasileira, seres humanos. Essa tribo foi desprezada por quem deveria respeitá-la. A linguagem contará a história desse estigma.

A linguagem está em permanente expansão. A humanidade possui potencial capaz de criar sempre formas originais de expressão. A convivência social dança no balanço da linguagem. Pois a linguagem carrega a herança cultural que revela o que fomos no passado e projeta o que poderemos ser no futuro. Roland Barthes pensa no mundo paradisíaco, onde a linguagem não seja mais alienada, mas transporte o "sonho da História". Na verdade, a linguagem é mestra de humanidade, é celeiro de cultura. E aponta o horizonte da utopia.

Porta fechada

Jean-Paul Sartre foi um filósofo e escritor que exerceu grande influência nos meios intelectuais franceses e mundiais. Falecido em 1980, deixou o exemplo de escritor apaixonado. Inspirou-se nos filósofos Edmund Husserl, Karl Jaspers e Martin Heidegger. Publicou obras como *O Ser e o Nada*, *Crítica da razão dialética*, ensaios e peças teatrais.

Sartre escrevia e militava politicamente. Em 1940, foi preso e levado a campo de concentração na Alemanha. Conseguiu escapar e voltou à França ocupada pelos nazistas. Com o filósofo Merleau-Ponty, Sartre organizou o grupo de resistência "Socialismo e Liberdade".

Sartre escreveu *Teatro de situações* para estimular os franceses a lutar contra o nazismo. Suas peças teatrais denunciavam veladamente a ocupação nazista. Em 1944, escreveu a peça *Huis clos* (*Porta fechada*), traduzida no Brasil com o título: *Entre quatro paredes*.

Entre quatro paredes mostra a situação do absurdo, da incomunicabilidade, do controle sobre as pessoas. Numa sala com estatueta de bronze, símbolo de insensibilidade, Sartre coloca três personagens: um homem e duas mulheres. Garcin fugira do combate, alegando ser pacifista. Um "covarde".[1] Estelle, da alta sociedade, engravida, vai dar à luz na Suíça e lá joga a criança num lago. É "infanticida". Inês é funcionária pública. Não gosta de homem. Enamorou-se de mulher casada. E o esposo desta, desesperado, suicidou-se. Inês define-se: "Sou má, preciso do sofrimento dos outros para existir".[2] É cruel.

[1]Sartre, J. P. *Entre Quatro Paredes*, Abril Cultural, 1997, São Paulo, p. 86.
[2]*Id.*, *ib.*, p. 59.

Os três personagens agem e reagem como "mortos vivos". Aos poucos, cada qual vai sendo desnudado. Nenhum consegue esconder sua vida. Todos ficam expostos ao "olhar" de todos. Humilham-se. Hostilizam-se. E Inês diz: "Estamos no inferno. Condenados".

Sartre apresenta o "olhar" como forma de devassar e fiscalizar a vida dos personagens. "Não quero apodrecer em seus olhos",[3] diz Garcin a Estelle. A conversa dos três é irônica e frustrante. Garcin reclama silêncio, mas Inês e Estelle continuam a tagarelar. Os três mantêm "olhar" vigilante. Cada um crava o olhar nos outros. Garcin quer escuridão para fruir intimidade com Estelle. Inês lembra que ali nunca há escuro e que os dois estão sob seu olhar implacável. Olhar de "gestapo". Revoltada, Estelle apanha uma faca para matá-la. Irônica, Inês diz que já está "morta". Desatinado, Garcin quer ir embora. Mas a sala está trancada. Por fim, a porta é arrombada. Mas ninguém sai. Persiste a "porta fechada". Os três estão indissoluvelmente atados entre si. E cada um é "carrasco" para os outros. Inês arremata: "Temos de ficar juntos, sozinhos, até o fim".

Garcin resvala a mão pelo "bronze" insensível e sente que está no inferno. "Aqui, as lágrimas não correm." E acrescenta: "Todos esses olhares me devoram". Garcin descobre que inferno não é enxofre nem fogueira. E profere a sentença agressiva: "O inferno são os outros".[4]

Entre quatro paredes mostra que os seres humanos podem estar na mesma sala e "infernar-se" psíquica, política e moralmente. As pessoas castigam-se com a insensibilidade, o cinismo e o ódio. São estátuas de bronze frio com olhar ferino. Garcin diz a Estelle: "Darei a você o que puder. Amor, não".

Sartre salienta que a prisão pode ser psicoética, e não apenas física. O talento do filósofo analisa a situação existencial de seres humanos que se trancam pela presença recíproca, mesmo que não haja paredes. Mas, no mundo fechado, Sartre abre uma fenda de esperança. "A gente é o que a gente quer ser."[5] O homem tem a possibilidade de inventar sua vida. E não ser carrasco para os outros nem

[3]*Id.*, *ib.*, p. 89.
[4]*Id.*, *ib.*, p. 98.
[5]*Id.*, *ib.*, p. 94.

prisioneiro dos outros. A linguagem comunicacional pode reabrir-se. E os "outros" poderão ser irmãos. E não "inferno".

Mais que "não"

Linguagem é fenômeno de expressividade. Diz, revela, explica, afirma e nega, confirma e desmente. Linguagem contém arte, sutilidade, surpresa, estalo, originalidade. Dribla incautos e desarvora meticulosos. Fala por meio de diferentes formas. O mesmo termo pode apresentar conotações opostas. A linguagem tem muito mais a dizer, além do que já foi dito. A fonte da linguagem é insecável.

"Não" é termo que indica negatividade. Expressa recusa, rejeição, afastamento. Pode haver "não" à verdade, ao amor, à paz.

"Não" expressa também discordância, antagonismo, discriminação. Traduz agressividade, hostilidade, sectarismo, náusea, sadismo.

"Não" revela incomunicabilidade, solipsismo, alienação, exclusão do "outro", exílio social.

"Não" é demolidor. Derruba expectativas. Pinga niilismo, pulveriza valores, alastra ruínas, incinera vidas. Rasga o tecido da personalidade. "Nadifica" o ser.

"Não" cava o vazio existencial. Desmedula o ser humano. Ausenta o sentido da vida. O vazio reduz a pessoa a carcaça descarnada. Converte o ser humano em amplidão desabitada. E é impossível estrangular esse "não" porque o vazio não tem garganta, não tem voz.

Contudo, o "não" é mais do que negatividade. Existe "não" carregado de positividade. É termo negativo, mas pode abrigar sentido positivo. O "não" que remove a negatividade, possui conteúdo construtivo. É aliado da humanidade. É fértil. Há "não" que traz alívio. Indaga-se: houve feridos? "Não". Esse "não" elimina a angústia.

Há "não" que deve ser mobilizado para a preservação e o crescimento da humanidade. "Não" ao ódio, à violência, à inveja, à traição, ao egocentrismo. "Não" aos assassinatos, à droga, à prostituição infantil, ao turismo sexual, à impunidade deslavada. "Não" à injustiça, à desigualdade, ao desemprego, ao desabrigo, ao salário insuficiente, às negociatas políticas. "Não" ao adesismo, ao medo. Esse "não", que rechaça práticas abusivas e crueldades, é benéfico à sociedade.

A humanidade precisa ativar o "não" positivo. Onde falta este "não" prospera a conivência com a miséria e avança a deterioração social. Diante de atividades nocivas, a humanidade deveria gritar "não". Há situações que exigem resoluto "não" porque são maléficas. O "não" contra a vida e a justiça, é perverso. Mas o "não" que expulsa a fome, a chacina, a impunidade, é humanizante.

Há que repelir o "não" que envergonha, que violenta e escraviza o ser humano. Mas há que cultivar o "não" à corrupção, ao crime, à imoralidade. E se há momentos em que o "não" é linguagem suja e feia, há também momentos em que o "não" é linguagem limpa e bela.

Venha o dia em que bilhões de seres humanos aviltados se transformem em "não" que derrube as servidões, em "não" que barre o extermínio da humanidade. Há que recuperar o sentido rebelado do "não". Pois "não" é mais do que não.

Chorar é falar

Chorar é linguagem forte. É dizer com emoção doída. O chorar fala mais do que as palavras. A pessoa que chora comove-nos. Quem testemunha o choro convulsivo de um ser humano não consegue esquecê-lo.

Chora-se por alegria e por dor. Pais choram de alegria porque o filho obteve conquista científica. O desempregado chora de alegria porque conseguiu emprego, o doente chora de júbilo porque recuperou a saúde.

Há o choro provocado pelo sofrimento atroz. Muitos choram porque são humilhados, porque estão desesperados. A mulher idosa e doente chora porque passou a noite na fila e depois não foi atendida pelo serviço médico-hospitalar. O desempregado chora porque peregrina por toda a parte e não consegue emprego. A mãe chora porque é despejada do casebre, erguido com suor, e não tem para onde ir com suas crianças. A adolescente engravidada chora porque é abandonada pelo parceiro, é incompreendida pelos familiares e rejeitada pela sociedade. A comunidade chora porque jovens seus foram brutalmente assassinados. A família chora porque seqüestradores sumiram com o pai ou a filha. Enfermos choram porque estão roídos por patologia implacável. Pobres choram porque a miséria os envergonha e são tratados como lixo ou vistos como bandidos. Seres humanos choram porque perderam o sentido da vida.

Há os que choram visivelmente. Vemos as lágrimas que lhes rolam pela face. E há os que choram silenciosamente. Ninguém lhes percebe os soluços. Há choro que grita a dor e choro que sufoca a dor. Em geral, o chorar da humanidade é calado. Não é visto nem ouvido. O choro encoberto vai comburindo o tecido da existência humana na calada da noite, no recesso dos lares, nos ermos da solidão. Um dos maiores sofrimentos é ter de esconder o pranto da alma com o sorriso da face.

Não podemos esquecer os milhões de seres humanos que não podem alegrar-se porque são obrigados a chorar. Não podem cantar porque a angústia lhes embarga a voz. Vasta camada da população chora porque é submetida ao sofrimento insuportável, à injustiça crônica e a carências desumanas.

Os negros eram caçados na África como animais. Capturados, eram arrancados de sua terra, de suas tribos, de sua cultura e de seus cultos religiosos. Traficados como escravos, foram despojados de tudo, até da humanidade. Um grupo de escravos trouxe da África uma pedra. Simples pedra. Inofensiva pedra. Africana pedra. Amada pedra. Os escravos esconderam a pedra na Bahia. E foi chamada "Pedra das Lágrimas". Os negros escravos choravam ao redor da pedra. Choravam a pedra, símbolo da pátria distante. Lágrimas de saudade, de dor, de exílio, de escravidão, de chicotadas e de sangue, escorriam pela pedra silenciosa. Banhada de lágrimas, também a pedra chorava.

Ainda hoje, grande parte do povo brasileiro chora. Continua atado à "Pedra das Lágrimas". Contudo, apesar de molhada com o pranto, a pedra não se quebra. Assim é o povo brasileiro, que ainda chora o cativeiro. Não se quebra. Mas, ao chorar, fala fundo.

Pietà brasileira

Mulher-Mãe é polissêmica, porque expressa múltiplos significados. Fala de muitos modos. Fala pela alegria e pela melancolia, pela lágrima florida e pela lágrima sofrida. Mãe fala pela cantiga de ninar e pelo soluço de angústia. Fala por meio da ternura e do desatino, da paz e do pânico. Mulher-Mãe fala pelo trabalho e pela oração, pelo cansaço ao entardecer e pela vigília na madrugada. Fala pelas mansões requintadas e pelos barracos de plásticos. Fala pela cultura científica e pelas mãos calejadas de bóia-fria. Mãe fala pela mesa farta e pelos filhos desnutridos. Mãe fala ao embalar a criança aleitada e fala ao prantear a criança dizimada pela "morte severina".

Fala a mãe atendida com solicitude e fala a mãe penalizada com carências básicas. Fala a mãe quando o filho é amparado pelo pai, e fala a mãe quando o filho é rejeitado pelo pai. Fala a mãe, mulher madura, pela gravidez desejada e amada. E fala a mãe menina, assustada com a gravidez precoce. Uma é a linguagem da mãe dignificada. Outra a linguagem da mãe humilhada. Falam as mães que festejam os filhos e têm motivos para agradecer a Deus. E falam as mães que sofrem filhos que perderam o sentido da existência. Mas sabem que filhos e mães são sempre amados por Deus.

As mães têm muito a dizer. É preciso ouvi-las. Sobretudo entender o significado que reponta de suas vidas. Falamos muito às mães. Falamos muito sobre as mães. E até falamos pelas mães. Mas ouvimos pouco as mães. No entanto, ninguém tem mais motivos para falar sobre as mães do que as próprias mães. As mães acumulam experiência biológica, psíquica, social, moral e espiritual.

Há mães que falam mais do que outras. Falam dramaticamente as mães pobres do sertão seco do Nordeste brasileiro. Mães descarnadas. Sangue minguado. Olhar tristonho, fincado na solidão. Mães sem resposta. Os filhos choram de fome. Não há leite, não há água nem folhagem. Nem grãos para enganar o estômago. Mãe desolada. No seu rosto macerado pelo sofrimento, escorre uma lágrima. Lágrima de fogo que lhe queima a alma. Todos já viram essa figura de mãe sertaneja, fisicamente frágil, mas de têmpera indobrável. Carrega "a estranha mania de ter fé na vida". Ela é *Pietà*. É *Mater dolorosa*. É mãe sofredora. "Maria das Dores", ou simplesmente "Dolores". Essa mãe é a *Pietà* do sertão nordestino. A *Pietà* de Michelangelo marcou esteticamente Roma. A "Pietà sertaneja" está em Gravatá, em João Câmara, em Afogados da Ingazeira, em Quixeramobim. A *Pietà*, de vestido encardido e roto, pisa o sertão crestado. *Pietà* vara veredas com os pés descalços e lata d'água na cabeça. *Pietà* fala por meio de sua vida. É linguagem trágica. *Pietà* sertaneja estremece as consciências que ainda não se petrificaram. A *Pietà* sertaneja não pede consolo, mas justiça. Não pede esmola, mas quer respeito à dignidade de gente. *Pietà* sertaneja não mendiga compaixão, mas reclama direitos humanos. Não pede luxo, mas soluções para seus sofrimentos e humilhações. E solução há. Basta querer.

Pietà não é só sertaneja. É brasileira. Há *Pietà* nas favelas, nos ranchos, no trabalho escravo, no refúgio debaixo dos viadutos, na servidão feminina, nos nômades sem-teto e sem-terra. A linguagem da *Pietà* brasileira é clara, maltratada, interpelante. A sociedade brasileira insistirá em deixar *Pietà* sem resposta?

Capítulo VIII
SOLIDARIEDADE

Desatar-se

A humanidade possui potenciais inestancáveis. O universo humano é efervescência criadora. O ser humano é imprevisível, repentista, inesperado. É penca de contrastes. Desmonta previsões. Projeta-se em muitas direções. Os passos humanos são desconcertantes. Enquanto o pé se arrasta pelo chão sujo, o pensamento navega pela noosfera sofisticada. Todo ser humano contém caos e energias convulsionadas. Em cada existência livre mora o enigma. Para compreender o ser humano, exige-se ginga inteligente. Fenômeno tipicamente humano é desatar-se.

"Des-atar" é soltar o que está atado. Há o desatar transitivo que "des-amarra" nós instrumentais que estão fora da pessoa. Assim, o ser humano desata problemas sociais, desafios ambientais, enigmas do universo. Desata tecnicamente energias cósmicas adormecidas, a fertilidade do solo, a produção de utilidades.

Mas há também o desatar intrapessoal. É o desatar antropopsíquico que desenrola a subjetividade humana. O ser humano desata-se no olhar, no sorriso, no semblante acolhedor, no aceno fraterno. Desata-se nas idéias, no teorizar científico. Desata-se nas emoções, no amor, na alegria, na expansividade, na irreverência, na cólera. Desata-se no verbo ontológico, na semiologia psicológica, na linguagem social.

O ser humano desata-se nos procedimentos, nos modos de ser, nas formas de viver. Desata-se nas manifestações da consciência, da liberdade e da insurreição. Desata-se na criatividade, na estética, na esperança, na utopia, na audácia, nas buscas, nos avanços. O ser humano desata-se quando destrava condicionamentos arcaicos, quando escancara os portões do hermetismo, quando se desdobra por dentro, quando se expõe e se arrisca.

Mas há também seres humanos que não se desatam, porque se policiam, encolhem-se e refugiam-se no intimismo e no isolamento. Não se desatam porque se inibem e se fecham. Quem não se desata interna-se na solidão para proteger a opacidade existencial. Quem não se desata cria presídios psicológicos, confina-se no egocentrismo e condena-se a ser monólogo. Quem não se desata torna-se estranho a si mesmo, traumatiza-se, machuca-se na interioridade do existir. Existência que não se desata é existência engasgada. Asfixia-se por falta de oxigenação solidária.

Desatar-se é ventilar-se, é romper cercos, é liberar a voz abafada, é emancipar a consciência cativa. O desatar-se chega a ser terapêutico. É desoprimir-se. É desmanchar os nós da vida. É *ser-mais*. É acolher o apelo dos outros. Desatar-se é desdobrar-se, como esteira de solidariedade, aos passos dos que buscam novos caminhos.

Narcisismo

O ser humano solidário desata-se. Ama e respeita o outro. Mantém ressonância interativa que participa da alegria e das lágrimas dos outros. O solidário volta-se para os outros e coloca-se a serviço dos necessitados. Preserva a identidade do outro e garante os direitos alheios. O solidário é capaz de esquecer-se para amar o outro. Ama o outro, sem cobrar amor.

O ser humano egocêntrico ata-se. Encolhe-se. Quer ser amado pelos outros, sem amá-los. Absorve os outros. Quer ser valorizado pelos outros, mas não valoriza o outro. O egocêntrico afirma-se negando os outros. É espoliador. Parasita. Suga os que o cercam. Não se destranca.

Os mitos encerram significados antropoculturais. São mananciais de sabedoria que irrigam a história. São arquétipos para a interpretação da humanidade. Os mitos apontam linhas estruturais do existir e do agir humanos. Daí por que as culturas criam e utilizam mitos.

Narciso é mito que fala até hoje. Após seu nascimento, os pais indagam do adivinho *Tirésias* qual seria o destino de *Narciso.* O adivinho diz que *Narciso* teria vida longa, com a condição de não ver sua própria face.

Narciso vem de "*Nárkissos*", no grego. *Narciso* indica torpor, é "Narco". Daí o "narcótico". *Narciso* era filho do *rio Cesifo* e da *ninfa Liríope*. O universo de Narciso é aquático. *Narciso* não correspondeu ao amor de *Eco*. Por isso, *Afrodite* condena-o a mirar-se nas águas. À beira da torrente, *Narciso* inclina-se para ver sua imagem. Debruça-se sobre o rio e fica fascinado com o reflexo de sua face nas águas. Era jovem de beleza estonteante. Enamorou-se de si mesmo.

Ninfas e rapazes apaixonavam-se por ele. Mas *Narciso* não se comovia com o amor que lhe devotavam. Persistia indiferente e distante. A *Aminias*, que o amava, enviou uma espada como presente. O jovem entendeu o sentido do presente cruel. E, desesperado, suicidou-se com a espada em frente da casa de *Narciso*.

Narciso desprezava os que o amavam. Amava-se a si mesmo e rechaçava o amor dos outros. Incendiado no seu interior e congelado por fora. Incapaz de amar os outros, e de receber o amor dos outros, ilhou-se no amor autocêntrico. Endofílico, amava-se por dentro. *Narciso* simboliza o amor solipsista, o "incesto intrapsíquico". Esse mito é o arquétipo do autocentrismo que reside na arqueologia humana.

Narciso, que rejeitou o amor dos outros, agarra-se à imagem fugidia de sua face refletida na ondulação das águas. Resta-lhe apenas o reflexo escorregadio de sua beleza. Busca-se até nas águas escuras do rio Estige. Não quer perder-se. Mas sente-se condenado a morrer no vazio. Em *Metamorfoses*, o poeta latino Ovídio descreve a tragédia de *Narciso*: "Ama a sombra sem corpo, se embevece de si. Deseja-se a si próprio. Por seu olhar, perde-se. E mergulhou os braços, abraçando o nada". Isolado, *Narciso* dissolve-se nas águas.

Narciso ensina muito. Mostra que ninguém se basta a si mesmo, ninguém vive sem os outros, ninguém se realiza sozinho. Ninguém é ontologicamente auto-suficiente. Aprisionar o amor no individualismo é hermetismo esterilizante. Trancar-se por dentro é forma de suicídio. *Narciso* morre na solidão. O amor de *Narciso* transformou-se em túmulo. Por isso, adotou-se o costume de plantar a flor chamada "narciso" nos sepulcros. Essa flor lembra que o amor introspectivo pode engolir tragicamente a vida, por mais bela que seja.

Por contraste, o mito de *Narciso* salienta o valor da reciprocidade. O amor não é avaro. Busca outros. O belo *Narciso* fracassou porque atalhou o curso do amor. Aprisionou o amor no olhar introvertido. E amor acorrentado, enlouquece. Equivocou-se *Narciso* quando pretendeu amar-se sem amar os outros. Humanidade que se fecha e recusa os outros é humanidade derrotada.

Narciso sobrevive na mentalidade e nas atitudes das sociedades. Há setores que estimulam o individualismo psicológico, econômico e social. Para que a humanidade toda tenha futuro de existência dignificante, é necessário abolir a egolatria. E assumir a alteridade solidária.

O "*outro*"

Estamos sempre em contato com o "outro". E o outro é pessoa. O outro contém certa magia, ao mesmo tempo sedutor e enigmático. O outro é plural, apresenta múltiplos rostos. Pode encantar ou desencantar. Refletir sobre o outro é apaixonante e interminável. Mas é preciso evitar que o outro seja reduzido a um termo genérico e neutro.

O "outro" ocluso é hermético, indecifrável e, mesmo quando fala, procura esconder-se. O "outro" desconhecido é distante, estranho, participante de universo cultural inabitual. O "outro" ameaçador inspira desconfiança, espalha medo e sugere risco. O "outro" prepotente esmaga os subalternos e espolia o sangue dos mais fracos. O "outro" violento é agressivo, revela atitude hostil e ação destrutiva. E tende a eliminar os desafetos.

O "outro" egocêntrico encastela-se em seus próprios interesses e não enxerga o sofrimento injusto dos que padecem necessidade. O "outro" constrangedor coage a liberdade e bloqueia a comunicação. Sartre analisa o olhar do outro que inibe decisões e tranca pessoas na incomunicabilidade. O "outro" rejeitado é discriminado, é excluído do emprego, da cultura, da saúde e da cidadania. É o outro envergonhado. O "outro" insensível não se abala perante os assassinatos, a fome, o desemprego, as crianças prostituídas. O "outro" traiçoeiro derruba parceiros e abandona os aliados de ontem. O "outro" cínico engana a sociedade, mas jura publicamente que está a favor do povo.

O "outro" diferente é original, inédito e revitaliza a comunidade com valores sólidos e com propostas fecundas. O "outro" companheiro caminha conosco por estradas planas ou esburacadas. E acompanha-nos sem ter marcado encontro, diz Aldo Gargani. O "outro solidário" é a pessoa com quem se pode contar nas horas de alegria e também de angústia e desespero. O "outro" aliado assume as causas legítimas daqueles que lutam para que a justiça alicerce a nova sociedade em estrutura igualitária. O "outro" movido pela esperança avança sempre, sem jamais desistir ou recuar. O "outro" audacioso suscita coragem, remove barreiras e limpa o horizonte embaçado por temores. O "outro" emancipatório descativa pessoas aprisionadas por tantas formas de servidão.

O "outro" honesto não se vende a barganhistas nem se deixa enlamear por tramas corruptas. O "outro" autêntico é reserva de humanismo e compromete-se radicalmente com a dignidade humana. O "outro" dialogal fundamenta a intersubjetividade mediante a "ação comunicacional", analisada por Habermas. O "outro" fraterno é habitado pela caridade transparente, como diz Levinas, e não se acumplicia com práticas anti-sociais. O "outro" interpelador acorda consciências anestesiadas para que definam o rumo de seu futuro. O "outro" evangélico é capaz de sacrificar-se para que outros sofram menos e tenham o necessário para sobreviver.

Não podemos esquecer que também cada um de nós é um "outro" para os outros. E poderíamos perguntar-nos que espécie de "outro" temos sido para os demais outros. Ser "outro" é responsabilidade.

Diferença rebelde

Atualmente, filósofos inovadores discutem a "diferença". Seis filósofos publicaram obra que focaliza o pensamento de E. Levinas. O título do livro é significativo: A *diferença como não-indiferença.*

Diferença não é anormalidade nem distorção. Diferença não se confunde com desigualdade socioeconômica. Diferença não é o estranho, o hostil, o excêntrico, o narcisista.

Diferença é realidade positiva. É valor a ser preservado e a ser desenvolvido. Diferença é expressão inerente ao ser humano, é modo de pensar, de dizer, de trabalhar, de existir e de conviver. Diferença é originalidade, é o inédito, é o que excede a medida comum, é o que distingue uma personalidade de outra. A diferença manifesta-se no estilo pessoal, nas posições sociais, culturais e éticas. Deleuze e Guattari salientam a heterogênese como produção do diferente, do novo. A heterogênese cria situações, valores e caminhos diferentes. E a homogênese reproduz modelos e repete o que é habitual.

Há dois modos de ver a humanidade. Uma postura interpreta os seres humanos pelo que possuem em comum. Todos são seres humanos, e são idênticos especificamente. A outra posição interpreta os seres humanos pela sua diferenciação. Todo ser humano carrega algum traço que o diferencia dos outros. Na primeira visão, os seres humanos aparecem repetidos. Na segunda visão, cada pessoa caracteriza-se por alguma singularidade. É o confronto entre indiferença e diferença.

A diferença liberta-nos da rotina, do uniformismo. A diferença assumida impede a massificação, rompe o gregarismo, esfiapa o adesismo. A diferença transgride modelos econômicos, políticos e culturais. Deleuze denuncia o "decalque" que multiplica cópias humanas. Por falta de diferença, os seres humanos tornam-se objetos substituíveis. Mas a diferença impede que a indiferença reduza a humanidade a peças seriadas.

Para alguns, unidade é padronização mecânica. Todos calados, submissos, obedientes. Para os defensores da unidade estandardizada, a diferença é tropeço. Contudo, a diferença favorece a unificação na diversidade. Diferença não dispersa nem divide, mas provoca convergência crítica. Promove a unidade lúcida e criativa.

A diferença reforça a identidade pessoal. J. Derrida diz: "A estrutura da interação implica identidade e diferença". A diferença contribui para definir a identidade pessoal.

Importa cultivar a diferença. A diferença é potencial a ser explicitado. Ativar a diferença legítima entre pessoas, nações e culturas é avanço histórico da humanidade. Diferença é "linha de força". Stanislas Breton anuncia o "choque" inicial. "No princípio, a diferença." Lembra o Gênesis a criar a diversidade cósmica. Diferença é fertilidade criadora. Saber conviver com as diferenças é sinal de maturidade.

A adversária da diferença é a "in-diferença". A indiferença é neutra, é concordista. Endossa o "pensamento único", alimenta a "ordem" oligárquica e impede as transformações socioeconômicas inadiáveis. A indiferença tende a cancelar a diferença que a incomoda.

Perante a indiferença, a diferença é rebelde. Diferença quebra o uniformismo, convulsiona a quietude, sacode a rotina. Diferença é apelo à definição. O clima da diferença é a inovação. E o clima da indiferença é o mormaço. É por isso que a diferença se posiciona como "não-indiferença". Labarrière convida o ser humano a "desencravar-se da certeza ancorada no passo coagulado". Há que descoagular a vida para apressar passos. A diferença solta-se. Aventura-se a salto original. A diferença não acredita que a humanidade esteja condenada a repetir sempre o mundo injusto que existe. Acredita que o mundo pode e deve ser "diferente".

Levinas e alteridade

Emmanuel Levinas é filósofo lituano, de origem judaica. Nasceu em 1903 e morreu em 1995. Em 1939, naturalizou-se francês e, em 1940, foi preso e levado para a Alemanha. Seus familiares, que ficaram na Lituânia, foram massacrados pelos nazistas.

Levinas é filósofo inovador. Jacques Derrida, um dos "pensadores rebeldes", diz que Levinas nos "estremece". Levinas recebeu influência de Henry Bergson, fundamentou-se na fenomenologia de Husserl e meditou a filosofia de Martin Heidegger. Manteve afinidade com a intersubjetividade de Martin Buber e de Gabriel Marcel.

Levinas publicou obras como *Teoria da intuição na fenomenologia de Husserl*, *Da evasão*, *Da existência ao existente*, *Totalidade e infinito*, *Difícil liberdade*.

O pensamento de Levinas está provocando fecundos estudos por parte de Paul Ricoeur, Stéphane Mosés, Marc Faesler, Jacques Rolland, Arno Munster e J. Derrida.

Levinas é filósofo da "Alteridade". Reflete em torno do "Outro". Busca o sentido da linguagem, da morada, do dizer, do silêncio. O "Outro" é pólo da filosofia de Levinas. Para ele, o Outro não é o distante, o estranho, e muito menos o impessoal. O Outro é universo epifânico e dialogal. É universo aberto, e não o "inferno" de *Huis clos* de Sartre. Para Levinas, o Outro é existência de reciprocidade. O que o "Ser" é para Heidegger, o "Outro" é para Levinas.

Levinas avança: "O milagre consiste em que um homem possa ter sentido para outro homem".[1] E valoriza a presença do Outro: "A face do Outro é presença. A face é a nudez do Outro, é o ser-exposto do Outro". E mais: "A presença da face, que é o infinito do Outro, é a presença de toda a humanidade que nos olha".[2]

Levinas estabelece vinculação entre ética e ontologia. "Ser-Outro é mandamento, é apelo à responsabilidade." E esclarece: "O apelo vindo do Outro chama-me à responsabilidade. É minha responsabilidade perante a face que me olha".[3] Levinas lê no rosto do Outro o mandamento: "Tu não matarás". Para o filósofo, o olhar do Outro é o "fato original da fraternidade".

Levinas não esquece o legado darwinista que favorece "o combate contra o Outro". Enxerga longe e fundo: "A história da humanidade é também uma guerra. Entretanto, pode haver santidade no humano, porque um homem pode morrer pelo Outro".[4]

[1]Levinas, E. *La Différence Comme Non-Indifférence* (D), Kimé, 1995, p. 133.
[2]*Id.*, p. 134; *Totalité et Infini*, Nijhoff, 1968, p. 188.
[3]*Id.*, *Totalité...*, pp. 188-189.
[4]*Id.*, *Totalité...*, p. 133.

Levinas toca a transcendência. "A face do Outro é o divino no homem".[5] Referindo-se a Nietzsche, que proclama: "Deus está morto", Levinas diz que o "deus morto" é niilista, é deus positivista. "Esse deus suicidou-se em Auschwitz." Quando cremavam os Outros era como se Deus se suicidasse. O Deus verdadeiro "é um traço forte no Outro". "O Deus que aparece na face do Outro é um protesto contra Auschwitz".[6] Esse Deus rebela-se contra todos os holocaustos humanos. Isto porque "todo homem é traço do Outro", que é Deus. Esse Deus-Outro é inconfundível. Não é cópia. É original.

Levinas deixou-nos vigorosa herança filosófica sobre o significado e sobre a dignidade do Outro. Reivindicou obstinadamente lugar inalienável para o Outro, que é "traço de Deus". Seu pensamento contém o apelo candente da ética e da responsabilidade para nossa época. O mercado total usurpou o lugar do Outro, do humano. Agora, o Outro é o mercado absolutista. O Outro humano perdeu seu lugar, perdeu sua face. É dispensável. Às vezes, até proibido de trabalhar. Pode ser exterminado lentamente. É novo holocausto. Holocausto econômico que substitui o holocausto racial em Auschwitz.

Levinas "rompeu com a filosofia do Neutro". E convida-nos a definir-nos. O Deus que ilumina a face do Outro não vai "suicidar-se". O Deus da vida protesta contra todos os holocaustos desumanos. Protesta também contra o holocausto da miséria, que incinera silenciosamente existências humanas. E protesta contra o holocausto que crema direitos fundamentais do povo, alegando democracia. No olhar livre ou no olhar esmagado do Outro, está o olhar inapagável de Deus.

Solidariedade etnocêntrica?

Richard Rorty é filósofo americano com ampla presença no atual universo filosófico. Entre outras obras, publicou *A filosofia e o espelho da natureza*, livro-chave de seu pensamento. Rorty prolonga o

[5] *Id.*, *Totalité...*, p. 134.
[6] *Id.*, *Totalité...*, p. 135.

pragmatismo de W. James e J. Dewey. Por isso, é visto como neopragmatista. Nutre simpatia por Nietzsche, Kierkegaard, Putnam, Foucault e Rawls.

Rorty recusa a filosofia como sistema estruturado, com feição epistemológica. Rejeita a metafísica de princípios, valores universais, a essencialidade da natureza humana. Afasta-se do método positivista.

Por outra parte, Rorty propõe a filosofia em permanente busca de novas direções. Filosofia mais de imagem do que de racionalidade, desvinculada do que já foi dito, e sempre aberta à conversação. Para Rorty, é "assustador" impedir que surja "algo de novo sob o sol".

Rorty considera que há filósofos "sistemáticos" e filósofos "periféricos". Os primeiros são filósofos com sistema fundamentado e coerente. Os filósofos "periféricos" ou "edificantes" são pragmatistas. E "céticos em relação à filosofia sistemática". Reconhecem sua própria "anormalidade" e desenvolvem "discurso anormal".[7] Para Rorty, os grandes filósofos periféricos são Dewey, Heidegger e Wittgenstein.

Em *Objetivismo, relativismo e verdade*, Rorty analisa "Solidariedade e Objetividade". Diz que "os seres humanos pensantes possuem duas maneiras essenciais para conferir sentido à vida". A primeira maneira é a história da contribuição que as pessoas oferecem a determinada comunidade. A segunda maneira consiste na descrição que coloca "os seres humanos em relação imediata com a realidade não humana". A primeira categoria mostra "o desejo de solidariedade". A segunda categoria é "exemplo do desejo de objetividade".[8] Segundo Rorty, a solidariedade relaciona pessoas na comunidade, ao passo que a objetividade relaciona pessoas a objetos, sem interação comunitária.

Essa colocação de Rorty é significativa porque salienta o valor da solidariedade. E estabelece distinção entre o universo da intersubjetividade humana e o universo constituído pela natureza objetiva não humana. Mas Rorty engasga-se ao analisar o dinamismo da solidariedade. A solidariedade de Rorty é "pragmática", utilitarista.

[7]Rorty, R. A *Filosofia e o Espelho da Natureza*, R. Dumará, 1994, p. 359.
[8]Rorty, R. *Objectivisme, Relativisme et Vérité*, PUF, 1994, p. 35.

É solidariedade em torno do que é "vantajoso para nós".[9] É solidariedade que favorece os interesses de "nossa" comunidade, enquanto as necessidades gritantes de outras comunidades são relegadas. Dessa forma, a solidariedade restringe-se ao âmbito intracomunitário e gera o etnocentrismo. O próprio Rorty confirma esse etnocentrismo: "O pragmatismo subscreve a concepção etnocentrista". E reafirma: "Cabe-nos privilegiar nossa própria comunidade".[10] Em nome da solidariedade, Rorty apregoa o etnocentrismo discriminatório. E atrofia o sentido grandioso da solidariedade sem fronteiras.

A filosofia de Rorty proporciona áreas de reflexão criadora. De outro lado, propõe solidariedade hermética que legitima o egocentrismo comunitário. Rorty reivindica conversação aberta, mas oferece solidariedade oclusa. É a filosofia de comunidades hegemônicas que algemam os interesses das comunidades subalternas. Buscar caminhos novos é convite positivo de Rorty. Mas o pragmatismo etnocêntrico exclui da solidariedade outras comunidades. Em vez de buscar o sentido planetário, a solidariedade etnocêntrica permite descuidar comunidades mais necessitadas. A comunidade etnocêntrica favorece o modelo de solidariedade imperial.

Insensibilidade

O teólogo e sociólogo Pablo Richard distingue "identidade antecedente" e "identidade conseqüente". A identidade antecedente é a configuração pessoal adquirida pela experiência já vivida. E a identidade conseqüente é aquela que ainda poderá ser elaborada ao longo da existência. Por isso, a identidade pessoal é processo em permanente movimento. Dessa forma, o ser humano pode plenificar-se ou demolir-se, civilizar-se ou embrutecer-se. Pode cultivar valores éticos ou apodrecê-los. Cabe ao ser humano definir seu rumo, escolher caminhos, endireitar ou entortar a vida.

[9]Rorty, R. *op. cit.*, PUF, 1994, p. 37.
[10]Rorty, R. *op. cit.*, PUF, 1994, pp. 39, 48.

Essa ambigüidade ajuda-nos a entender por que temos humanidade que se aprimora e humanidade que se abastarda. Há seres humanos que são agentes antropogenéticos porque impulsionam a gênese ascensional da humanidade. E há seres humanos que são agentes antropofágicos porque dissolvem e devoram a humanidade. Muitos comprometem-se com a dignidade humana, e outros associam-se à criminalidade.

Essa realidade humana contraditória está sendo analisada por meio dos fenômenos de "Sensibilidade" e de "Crueldade". Paul Ricoeur mostra a diferença entre conhecer e sentir. O conhecer é acentuadamente racional. E o sentir é acentuadamente afetivo. O sentir insere a pessoa no mundo, e interioriza o mundo na pessoa. Ao "sentir" um fenômeno, o ser humano é afetado em sua intimidade. Ricoeur diz que "sentir é inerência". É o fenômeno de *Aisthesis*, que, no grego, significa "sentir". *Aisthesis* é ser tocado, ser afetado por dentro. *Aisthesis* é também "Estética", porque a arte afeta, comove, encanta, arrebata. A Estética é o universo do sentir. Lyotard diz: "O sentir está ligado ao sentimento estético". A vida desperta quando é afetada por uma pessoa, arrebatada por paisagem ecológica, estimulada por fator psíquico e tocada pela arte.

Ao perder a sensibilidade, o ser humano torna-se "insensível", embotado, estupidificado. A insensibilidade converte-se em "crueldade". E então teremos *Anaisthesia*, que significa insensibilidade, anestesia, entorpecimento, grosseria, brutalidade. Pessoas insensíveis são impermeáveis. Nada consegue atingi-las. Os insensíveis adotam procedimentos bárbaros e não se deixam tocar pelos sofrimentos dos outros. Hoje está faltando *Aisthesis*, a sensibilidade humana. O neopragmatista Richard Rorty diz que "o progresso moral vem do incremento da *sensibilidade*". Atualmente, a sensibilidade está sendo engolida pela insensibilidade. E o ser humano insensível é pernicioso porque perde a sensibilidade, mas não a inteligência. Usa a inteligência com a pedagogia da crueldade.

Em 1999, apareceu em São Paulo a "Milícia antimendigo". É empresa terrorista com disfarce humanitário, que ganha dinheiro para expulsar mendigos e moradores de rua, estacionados em logradouros públicos. Escorraçar esses sofridos seres humanos é crueldade revoltante. A sociedade injusta produz párias sociais e depois os espanta e empurra para os lixões. A solução não é expulsar os pobres das ruas e praças, mas retirá-los da miséria hedionda. Aqueles que removem mendigos para "limpar" a cidade são agentes monstruosos. Pois esses pobres são vítimas de injustiças crônicas e da desigualdade perversa.

É necessário promover a justiça que garanta dignidade aos excluídos. E abrigar os empobrecidos, e não arrancá-los do resto de chão que lhes sobra. A sociedade brasileira, que ainda não perdeu a sensibilidade, há de insurgir-se para exigir respeito aos seres humanos submetidos à crueldade e à humilhação. É hora de empenhar efetiva solidariedade humana e cristã a homens e mulheres, a crianças e adultos, que são abandonados e maltratados pela insensibilidade social.

Conspiração solidária

A solidariedade é valor que acompanha a humanidade. A atual sociedade experimenta mais intensamente a necessidade de solidariedade. Há diversos tipos e graus de solidariedade. E há formas de solidariedade afetadas por ambigüidades que devem ser expurgadas. É salutar repensar criticamente o conteúdo da solidariedade. O sociólogo francês Rosanvallon convida a "refundar" a solidariedade para hoje.

A solidariedade psicológica possui tonalidade compassiva. Apóia e encoraja pessoas que sofrem por motivo de doença, acidentes, calamidades e morte. É envolvimento *simpatético*.

A solidariedade social oferta socorro a pessoas submetidas a graves necessidades. A assistência socioeconômica alivia grupos penalizados pelo desemprego e empobrecimento. É gesto solidário urgencial.

A solidariedade oportunista visa salvaguardar interesses. Jacques Généreux diz que há pessoas que adotam atitudes de solidariedade somente quando se sentem ameaçadas ou quando esperam obter alguma compensação. Quando experimentam desemprego ou violência, gritam por solidariedade. Quando podem faturar dividendos de projeção social, empunham a bandeira altruísta.

A solidariedade diplomática anestesia conflitos e amortece tensões na sociedade. Lubrifica a engrenagem cruel de sistemas injustos, para torná-los palatáveis. É a solidariedade da paz fictícia entre espoliadores e espoliados. Reginaldo Oscar de Castro, quando presidente nacional da Ordem dos Advogados do Brasil (OAB), sintetizou a anti-solidariedade ao apontar o "diálogo da guilhotina com o pescoço". O poderoso entra com a guilhotina e o fraco entra com o pescoço.

Há solidariedade que se preocupa em promover e manter a convivência fraterna efetiva entre os seres humanos. Essa solidariedade procura eliminar as causas da desigualdade insuportável, e não apenas amaciar seus efeitos. É a *solidariedade estrutural.*

A "solidariedade substancial" circula pelas periferias sociais. Atua em comunidades de base e suscita ações populares maduras. É solidariedade que opera a "re-inserção" dos excluídos para que sejam agentes de cidadania, e não mendicantes de migalhas.

A *solidariedade insubmissa* retira os pobres do cativeiro e erradica as matrizes da miséria. Não se pode aceitar a sociedade esquizofrênica que mantém a coexistência entre a compaixão pelas vítimas da pobreza e a acumulação feroz da riqueza. A solidariedade não existe para garantir a paz na servidão, mas para extirpar a servidão.

Ignácio Ellacuría, jesuíta, reitor da Universidade Católica de El Salvador, desenvolveu a teologia do "povo crucificado". E permaneceu solidário com os "crucificados" pela pobreza e pela perseguição. Por isso, foi brutalmente assassinado por setores do capitalismo selvagem. É a *solidariedade ensangüentada.*

Atualmente, fala-se em "terceira geração dos direitos humanos". O teólogo indiano Felix Wilfred diz que a "terceira geração dos direitos humanos está centrada nos direitos de solidariedade".[11] Para promover a humanização do mundo, é necessário estabelecer articulação entre direitos humanos e solidariedade. A nova solidariedade coloca a justiça radical no centro da sociedade.

[11] Wilfred, F., *Concilium*, 285, 2000/2, p. 39.

Gramsci discutiu a importância do "intelectual orgânico". Há o intelectual "imperial" inserido no poder hegemônico que domina a sociedade. E pode haver intelectual organicamente ligado à vida dos grupos sociais fracos que lutam para emergir da servidão.

"Conspirar" é aspirar com os outros. É formar constelação de agentes em torno de uma causa. Teilhard de Chardin salienta que "conspiração é a aptidão de diversas consciências que se juntam para construir um Todo, onde cada pessoa tem consciência de sua participação com todos os outros... Conspiração de unidades pensantes".[12]

A solidariedade autêntica supera o isolacionismo e busca companheiros para reprogramar a sociedade. Em nosso tempo, é indispensável articular intelectuais, artistas, cientistas, educadores, jornalistas, religiosos, políticos honestos, líderes populares e muitos outros setores, para promover mudanças sociais efetivas e provocar a germinação da nova sociedade. A solidariedade aglutina consciências, vozes, braços, criatividade, ousadia e obstinação, para concretizar o projeto da nova humanidade co-responsável. É tempo de tecer a rede da solidariedade mundializada. E acender focos de conspiração solidária por todos os recantos do universo.

[12]Chardin, T. *Oeuvres*, III, 89; VII, 362, Seuil, Paris.

Capítulo IX

AMOR

Morada do amor

A era moderna veio marcada pela racionalidade, pela inteligência pensante. Começou quando Descartes enunciou: "Penso, logo existo". A pós-modernidade está se revelando com acentuada tonalidade emocional e mística. E poderia comunicar: "Amo, logo existo".

O amor impregna o ser humano. Amor não é apenas uma função, uma área, um momento. Amor é onipresença. "É um estado do ser", afirma o psicanalista R. May. Afeta a totalidade humana. Roça a sensibilidade, aloja-se na medula dos ossos, pulsa nos batimentos cardíacos, arfa na respiração, circula pelo sangue, aquece o pensamento, rola pelos braços, agita as mãos, baila na consciência, escorre no olhar, sonoriza-se na palavra, recolhe-se no silêncio, peregrina nos passos, oculta-se no inconsciente, espuma na sexualidade, murmura na oração.

Ao defender-se da acusação de "pansexualismo", Freud explica que o amor não é apenas sexual, porque *Eros* se espalha pela personalidade toda. O amor entranha-se na existência humana. Arrancá-lo, seria arrancar a vida das pessoas.

O amor envolve o presente e o ausente, o perto e o longe, a memória do passado e o projeto do futuro, o que ficou perdido na poeira e o que será reencontrado na curva das estradas.

O amor é obstinado. É busca insaciável, esforço infatigável. Não desiste de lutar. O amor apaixona. Gruda parceiros. O "Amor não pode crescer sem Paixão", diz *Afrodite*.

O amor conduz à práxis. Leva a efetivar os sonhos. Sem amor, as propostas teóricas não se concretizam. Grandes causas permanecem improdutivas, porque o amor não as retirou do imaginário para corporificá-las na história. Quando se morre por uma idéia, é porque se tem paixão por ela. O amor é afetivo e também efetivo. Impele a realizar o bem desejado. O amor é fecundo. Cria valores para reparti-los com os outros.

O amor é insubmisso. Rebela-se contra a tirania. Amor que tolera escravidão é cúmplice. É amor prostituído. O "amor" que asfixia casados, que constrange namorados, que violenta a consciência, que oprime a liberdade, que impõe a Fé é farsa. No Brasil colônia, os senhores usavam sexualmente as escravas, mas evitavam afeiçoar-se a elas, com receio de que o amor os levasse a emancipá-las da escravidão. "O amor, de per si, repele a escravidão", diz o historiador José Oscar Beozzo. O amor ensina a ser livre e a libertar os outros.

Há o amor trágico. Amor angustiado, doído, perseguido. Esse amor testemunha grandeza. É amor temperado no sofrimento. O amor que não resiste a crises é verniz emocional. Há significado transcendente no amor das mães que choram os filhos assassinados, no amor dos que sangram porque foram traídos, no amor dos que são martirizados porque defenderam a justiça. Há dignidade naqueles que se arriscam para que o amor não seja reduzido a cinzas. Por isso, a arte os imortaliza, a humanidade os cultua e Cristo os abraça com ternura.

O amor é habitação do ser humano. E a morada do amor tende a perdurar, mesmo quando as tempestades a tenham destelhado. "O amor jamais acabará", confirma o apóstolo Paulo. O amor extasia, canta, dança, porque é beleza, é maturação da vida. O amor afasta o desalento e encoraja a partir para buscar novo dia, para "acordar a aurora" da nova humanidade.

Antropologia ou andrologia?

Entre as ciências humanas está a antropologia. A antropologia estuda o ser humano como "Todo". Escreve Claude Lévi-Strauss: "A antropologia aspira sempre a conhecer o *homem total*". E acrescenta:

"A ambição da antropologia é a *totalidade*. Ela vê um sistema cujos aspectos estão todos organicamente ligados". A antropologia enfoca a humanidade em plano global. Sintetiza o universo humano.

A antropologia analisa o ser humano, desde sua evolução física até sua arquitetura ontológica. A antropologia é totalidade pluridimensional porque focaliza todas as dimensões em cada ser humano. É totalidade de gênero porque inclui obrigatoriamente homem e mulher, o masculino e o feminino. É totalidade ecumênica porque abrange todos os seres humanos, na diversidade espacial, racial, cultural e religiosa. Esquecer ou excluir uma fração da humanidade é antiantropológico.

Antropologia vem de *Ánthropos*, que significa o "Todo Humano", homem e mulher. Antropologia e andrologia não se equivalem. Enquanto a antropologia é a ciência do "todo humano", a andrologia é a ciência do humano masculino. Andrologia deriva do grego *Ándreios*, que é o ser humano masculino, o viril, o varonil. Por outro lado, antropologia não se identifica com ginelogia, que é o ser humano feminino. Ginelogia deriva do grego *Guné*, que significa mulher, esposa. Entender antropologia como andrologia é reduzir o "todo humano" ao ser masculino e excluir o universo feminino. E entender antropologia como ginelogia é reduzir o "todo humano" ao ser feminino e excluir o universo masculino. As duas reduções mutilam a totalidade humana. Excluir o homem ou a mulher é atrofiar o todo antropológico.

Infelizmente, a antropologia tem sido reduzida a andrologia para garantir a hegemonia masculina no mundo. A história da humanidade foi comandada, abusivamente, pela supremacia andrológica. Os estigmas da discriminação feminina são sobejamente conhecidos. Bastaria lembrar que a mulher só conseguiu o direito de votar recentemente. Na URSS, em 1917; nos Estados Unidos, em 1920; no Brasil, em 1932; na culta França, em 1945; e na "civilizada" Suíça, em 1971. Cifras que acusam a consciência humana unilateral.

Antropologia e andrologia demandam análises críticas também na área das religiões. Respeitadas as declarações da Hierarquia, é legítimo ampliar a reflexão sobre o assunto, no plano teológico e antropológico.

A teologia do mistério de Deus transcende a eclesiologia. Não é absurdo pensar que Deus tenha poder para ordenar mulheres para o sacerdócio, embora, segundo documentos pontifícios, a "Igreja" não teria esse poder. A mulher é radicalmente ser humano, como o é também o homem. E ser diferente não significa ser menos humano. Do ponto de vista antropológico, e não apenas andrológico, homem e mulher estão habilitados a receber o sacerdócio. E do ponto de vista teológico, não se poderia negar a Deus o poder de ordenar mulheres para o sacerdócio, caso o queira fazer. E, então, poder-se-ia falar em autêntica teologia antropológica e coerente antropologia teológica. E não se invocaria a "antropologia" para legitimar a indevida prática "andrológica". E não se invocaria a "andrologia" para legitimar a exclusão do universo *ginelógico*, que é estritamente antropológico.

Ultimamente, tem-se utilizado a compensação. Procura-se decantar valores da mulher para compensá-la pelos direitos antropológicos que lhe são negados. Pratica-se ilogismo indigesto. Proclama-se teoricamente a dignidade humana. Mas, na experiência concreta, não se reconhece nem se garante, inteiramente, a dignidade da mulher, que é especificamente ser humano.

Mulher

A antropóloga Margaret Mead pergunta: "Que significa ser homem? Que significa ser mulher?". E mostra que o estilo de ser homem e mulher é ditado predominantemente pelas culturas. O modelo de "ser masculino" e o modelo de "ser feminino" são moldados, em grande parte, pelos costumes culturais. Daí por que a figura feminina varia de acordo com as diversas culturas. Margaret Mead conclui que, nas sociedades, há "um processo pelo qual se aprende a ser homem ou a ser mulher".

Não basta analisar a mulher do ponto de vista psicológico e sociológico. Há que buscar a densidade ontológica que define a mulher. E também não se pode deduzir a mulher a partir da figura masculina. Há mentalidade que vê, no homem, a matriz da mulher. O homem seria o protótipo, e a mulher seria sua reprodução, cópia masculina desbotada. Mas a mulher é, em si mesma, ser humano tão original quanto o homem.

Ainda perdura a concepção de que o homem é "racional" e a mulher é "sentimental". Nesse caso, a mulher não seria racional e o homem não teria sentimentos. Ora, o homem não é apenas "Logos", lógico, e a mulher não é apenas "Eros", afetividade. Mulher e homem são, cada qual, *Logos* e *Eros*, pensamento e amor.

Existe a tendência de relacionar homem e mulher por meio da sexualidade. O critério de identificação de homem e mulher seria apenas o sexo. É visão acanhada. A sexualidade é grande valor na humanidade. Contudo, não se pode definir o homem e a mulher somente pela sexualidade. Identificar homem e mulher apenas pelo sexo é reducionismo que atrofia a personalidade humana. Homem e mulher deveriam manter interação e convivência com a totalidade do ser masculino e do ser feminino.

A mulher deve ser compreendida em sua condensação ontológica. Ela é essencialmente ser humano. A humanidade é sua substância. Também a mulher é "clareira do ser". É salto existencial. É linguagem tecida de perguntas e respostas. É reciprocidade dialogal. É subjetividade que pensa, decide, planeja, afirma-se, cria, responsabiliza-se. Não é objeto que se usa, não é utilidade doméstica nem ornamento. Mulher é núcleo antropológico de consciência e liberdade.

Como todo ser humano, a mulher é vulnerável. Pode falhar. Mas acerta muito mais do que erra. A mulher ensina a aliar a firmeza à ternura, a misturar reflexão e trabalho, a temperar solidariedade com senso crítico, a vencer sofrimento com oração, a discordar de abusos e injustiças sem deixar de amar.

A mulher já avançou muito. Conquistou espaços e direitos. Atua em quase todos os setores, afirma-se pelo caráter e competência. Mas ainda há tropeços. A mulher é discriminada no trabalho e no salário, é vítima de violência e de exploração sexual. Mulheres pobres, dizimadas pela miséria, choram filhos famintos, despojados até da merenda escolar. Carregam a pesada herança de injustiças sociais.

É preciso ouvir a esperança, a angústia, o clamor das mulheres. É hora de convocar a participação das mulheres em todos os setores. As mulheres são potencial humano criador. A sociedade deve garantir-lhes os direitos humanos fundamentais. A mulher, face de Deus, prevalecerá. Em *As mulheres tomam a palavra*, a teóloga Elsa Tamez aponta o rumo: "Fiz um salto na vida. Deixei de ser eco e passei a ser voz".

Amor-adolescente

Amor é energia vital e vitalizante. Freud colocou o amor como princípio de vida. Há diversas formas de amor. Amor ternura, amor amizade, amor sexual, amor estético. O amor varia de acordo com as pessoas, idades e culturas.

O amor-adolescente tem características peculiares. É impetuoso. É arrebatador. Freqüentemente, o amor atropela o adolescente e escapa a decisões conscientes e assumidas.

Nessa atmosfera, irrompe o amor sexual, que tende a sobrepor-se às resoluções racionais do adolescente. Por vezes, o adolescente é levado a fazer aquilo que não pretendia fazer. É por essa razão ou por falta de razão que a gravidez prospera na adolescência. Gravidez não premeditada, não desejada. Daí, o susto. E, às vezes, o dissabor.

A gravidez na adolescência tem aumentado. E deve preocupar a consciência humana, social e cristã. Mas não se pode enfocar o assunto com curiosidade mórbida nem com moralismo patológico. A adolescência é fase decisiva na vida. O adolescente é inteligente e tem sua maturidade. Mas nem sempre alcançou a suficiente maturidade orgânica, psíquica, social, econômica, educacional e moral, para a gravidez auto-responsável. Nesse período da vida, os jovens sofrem dificuldades para arcar com os encargos de uma gravidez precoce. É o óbvio.

Também a sociedade precisa ter maturidade nesse assunto. Há que respeitar, acolher e compreender as jovens que engravidam. É absurdo humilhá-las e discriminá-las. É inadmissível estigmatizá-las. Há que tratá-las com ternura. Muitas ensinam grandeza. Lutam sozinhas para levar até o fim a gravidez. Misturam amor e bravura.

É necessário fazer algo de positivo para prevenir a gravidez precoce indesejada. A informação científica sobre sexualidade é indispensável. Mas o adolescente precisa descobrir também o sentido pluridimensional da sexualidade para poder autoconduzir-se. Além de conhecer a sexualidade, o jovem terá de preparar-se concretamente para vivê-la com atitudes maduras. Assim, a sexualidade passa do nível zoológico para o nível antropológico. Orientar a sexualidade não é reprimi-la, mas cultivá-la; não é incinerar o prazer, mas humanizá-lo.

Para atingir esse objetivo, há que dialogar com os jovens de modo transparente. Diálogo "horizontal", e não autoritário; diálogo circulatório, e não impositivo. Falar *com* os adolescentes, e não só falar *aos* adolescentes. Ouvi-los com respeito. Encorajá-los a definir o sentido e o destino de sua sexualidade. Estimulá-los a questionar a pressão ambiental que os força a "fazer sexo" antes do tempo físico e psicológico. Liberdade sexual é também rebelar-se contra a coação exercida pelo "sexo social". O chamado "sexo social" é o modelo de prática sexual imposto às pessoas pelos hábitos da sociedade. E também pela pressão da mídia, que força os jovens ao exercício sexual precoce.

O jovem é chamado a viver inteligente e responsavelmente sua sexualidade. Fernando Pessoa escreve: "Amar é pensar". E pensar é ponderar, é avaliar, é medir as conseqüências. Pensar é assumir o amor.

Repensar a sexualidade

A sexualidade há de ser compreendida de modo global, e não fragmentário. Sexualidade é fenômeno vital a ser enfocado pelo olhar biológico, psicológico, antropológico, jurídico, político, econômico, social, ético e religioso. Sexualidade não é ilha. Está articulada com fisiologia, afetividade, inteligência, liberdade, criatividade, linguagem, convivência social e cultural. Dissociada do todo humano, a sexualidade enclaustra-se na solidão narcisista.

Sexualidade não é categoria abstrata. Está subjetivada na personalidade. O sujeito humano é autocondutor de sua sexualidade. É a pessoa que orienta a sexualidade. Não é a sexualidade que pilota a personalidade. Alegar que a sexualidade é impulso determinista que rege o ser humano é pretexto para eximir-se da responsabilidade sexual.

Como toda ação humana, também a sexualidade deve ser livre. Mas como toda ação humana, também a sexualidade há de ser conduzida por critérios autenticamente éticos e por parâmetros de convivência responsável. Além do heterossexualismo, há manifestações sexuais que podem ter fundamento científico-antropológico e não devem ser estigmatizadas precipitadamente. Buscar caminhos, sempre. Discriminar, nunca. Não há lugar para o absolutismo sexual. Totalidade sexual não é sinônimo de totalitarismo sexual. Fazer da sexualidade um território sem limites, onde tudo está antecipadamente legitimado, é aberração. Isto levaria à hipertrofia sexual e geraria atrofia antropológica.

Sexualidade não se confunde com "pansexualismo". O pansexualismo vê sexo em tudo, por toda a parte, em todos os gestos e palavras. O pansexualista vive paranóia sexual. É acionado por tirania sexual. Agarrado à sexualidade unidimensional, perde a visão da totalidade humana.

Há cultura que promove o sexualismo alucinado, fomenta comércio erótico, atiça sexualidade mórbida, insiste em "fazer sexo" mecanicamente, reduz o prazer a mercadoria, gratuita ou paga. A Fundação Helsinque de Direitos Humanos, sediada na Finlândia, revela que o Brasil, na América do Sul, é o maior exportador de mulheres para exploração sexual. As mulheres são tratadas como escravas sexuais. Há cerca de 75 mil mulheres brasileiras prostituídas em países da União Européia. Esses dados foram divulgados em 28 de novembro de 2000, no I Seminário Internacional sobre Tráfico de Seres Humanos, realizado em Brasília e promovido pela ONU. A escravidão sexual é forma de despersonalização aviltante.

Freqüentemente, transforma-se o sexo em droga. Droga erótica. Adolescentes e adultos tornam-se dependentes da droga sexual.

Não enxergam outras dimensões além do sexo. Oferta-se sexo farto para que homens e mulheres esqueçam injustiças sociais e não se rebelem contra sistemas políticos e econômicos desumanos. Saturadas pela droga sexual, as pessoas alienam-se da realidade social perversa e permanecem insensíveis ao sofrimento e à miséria dos outros.

Atualmente, o fenômeno sexual e a realidade social inquietam as sociedades em plano mundial. Há que abrir espaço à dimensão sexual e à dimensão social. Indício sintomático surgiu há séculos. A poetisa Safo, na ilha de Lesbos, associou revolucionariamente o erotismo feminino à emancipação social da mulher. É necessário interligar o sexo e o social, prazer e solidariedade, amor e justiça.

Há que amadurecer a sexualidade. Entendê-la, cultivá-la, assumi-la. Sexualidade não é apenas prática genital. É potencial energético efervescente que dinamiza o ser humano todo, no seu existir e no seu agir. Não é o sexo que degrada o ser humano. É a malícia humana que perverte o sexo. Em sua natureza íntima, a sexualidade é ética e estética. Não é suja nem feia. É limpa e bela.

Pedagogia sexual

A sexualidade é valor humano. É preciso enxergá-la com olhar otimista, e não pessimista. Sexualidade é vida, amor, energia criadora, traço do projeto de Deus. Não é campo indecoroso nem invenção demoníaca. A sexualidade deve ser tratada com seriedade, mas sem medo. É dimensão viva, integrada na constelação antropológica. Envolvida pelo todo humano, a sexualidade é corporal e mental, afetiva e racional, pessoal e interpessoal, livre e responsável. Quando Freud diz que a libido sexual não se reduz à genitalidade, está significando que é realidade antropológica. O filósofo Paul Ricoeur escreve: "A sexualidade ocupa lugar excepcional na antropologia". A sexualidade é ressonância antropológica porque se irradia por todas as áreas do ser humano.

A sexualidade humana não se reduz à sexualidade animal. Há diferença específica entre sexualidade antropológica e sexualidade zoológica. A sexualidade humana está inserida no universo do pensamento, da liberdade, do amor e da responsabilidade. Há interação entre as dimensões humanas. Não há dicotomia entre sexualidade e razão. A sexualidade não está confinada no mundo irracional. O ser humano é totalmente racional e totalmente sexual.

A sexualidade está sujeita a ambigüidades, a distorções e banalizações. Pode ser dignificada ou aviltada. Com a sexualidade, o ser humano pode realizar-se ou desrealizar-se. A sexualidade narcísica é egocêntrica. A sexualidade mecânica é movida por impulsos automáticos. A sexualidade coisificada substitui a pessoa pelos objetos. A sexualidade comercializada é produto que se vende e se compra. E vender o sexo é vender a pessoa. A sexualidade anestesiante torna as pessoas indiferentes às injustiças e sofrimentos cruéis. A sexualidade monstruosa violenta e estupra o ser humano. E o consumismo erótico promove, cada vez mais, a depreciação da sexualidade.

Há necessidade de verdadeira educação sexual. Em conferência a educadores, Rubem Alves dizia: "Há educação sexual que é deseducação sexual". Educação sexual legítima suscita a maturação sexual dentro do contexto antropológico. Só haverá efetiva educação sexual se houver desenvolvimento da personalidade em seu todo. O conhecimento da biologia sexual e a campanha em favor da camisinha têm importância real. Mas não bastam. Camisinha não pode ser passaporte para viagem sexual sem rumo.

A verdadeira pedagogia sexual envolve o corpo, as mãos, o olhar, os gestos. Educa, sobretudo, a consciência, a liberdade, o caráter, a dignidade, o respeito ao outro. Educa a linguagem para que a sexualidade seja dialogal, e não monologal. Educa a responsabilidade para que a sexualidade seja assumida com suas conseqüências. O prazer sexual não pode burlar compromissos. A educação sexual deve associar amor e sexo, ternura e solidariedade, intimidade e lealdade, e combinar liberdade com responsabilidade. Para assumir a prática sexual e suas conseqüências, é preciso que a pessoa tenha suficiente desenvolvimento etário, biológico, psíquico, social e ético. A iniciação sexual precoce e imatura pode estragar vidas.

A pedagogia sexual lúcida deve esclarecer o significado pluridimensional da sexualidade. E proporcionar ao ser humano motivações racionais e critérios axiológicos para a condução da sexualidade. Há que evitar os métodos repressivos e o moralismo casuístico. A pessoa precisa ter autonomia madura para fazer opções sexuais por si mesma, sem deixar-se levar pela pressão do ambiente social.

A sexualidade tem afinidade com alegria. Nela, não deveria haver amargura e remorso. E não se pense em abolir a sexualidade. Há muitas formas de vivê-la autenticamente. Importa cultivar a sexualidade para o convívio do amor, para a maturidade afetiva, para a realização pessoal e solidária. Importa ouvir a sabedoria sexual.

Capítulo X
ÉTICA

Axiologia crítica

É tempo de reavaliar a humanidade. Vivemos aceleração tecnológica. E haverá outros saltos evolutivos. Mas há também erosões humanas, crueldades, injustiças, aberrações econômicas, sociais e éticas.

Cada ser humano há que se perguntar para onde quer ir. Há que definir o futuro. Hora de autodestinação humana. A humanidade está sendo empurrada pelo poderio econômico, tecnológico e militar. Os centros condensadores do poder estão programando o rumo da humanidade de acordo com seus interesses. No entanto, a humanidade vale mais do que o poder acumulado. E tem o direito e o dever de repensar-se e conduzir-se.

Para isto, a humanidade necessita de critérios que a norteiem. Os parâmetros são os pólos de valor. A preocupação é definir que valores irão orientar a sociedade. Max Scheler foi o filósofo da "Axiologia", ciência dos valores. Foi denominado "Gênio" vulcânico. O hermeneuta Gadamer realça a atualidade da contribuição original de Scheler.

Os falsos valores desfiam o tecido humano. Os antivalores devoram a humanidade. Constituem axiologia antropofágica. Violência, drogas, desigualdade e "totalitarismo econômico" desfibram a criatividade humana. E a humanidade carcomida será facilmente dobrada pelos dominadores do mundo. Há que eliminar os antivalores para que não destruam o potencial emancipatório da humanidade.

O uniformismo axiológico nivela os valores. A vida animal e a vida humana teriam o mesmo valor; a orquídea e a criança seriam equivalentes. É positivo reconhecer todos os valores, mas é funesto não reconhecer que há valores mais importantes do que outros. O nivelamento dos valores pode reduzir o ser humano a simples objeto.

A inversão axiológica alteia valores menores e rebaixa valores maiores. Essa posição pode ser utilizada para hipervalorizar a especulação financeira e descurar a dívida social que espolia e sufoca os brasileiros. A inversão axiológica patrocina a injustiça, e é responsável por práticas nocivas contra a humanidade. É discriminatória.

A legítima hierarquia axiológica estabelece prioridade entre os valores. Há valores que têm primazia porque possuem conteúdo e significado mais fecundos para a sociedade. O ser humano é o valor primacial na imanência do mundo. A justiça tem prioridade sobre a lei. O valor da vida humana tem primazia em relação aos recursos instrumentais, como o dinheiro. Não se trata de negar e excluir determinados valores, mas de situá-los segundo a escala da prioridade humanizante. Entende-se que preservar a vida humana fala mais alto do que desfiles de moda.

A criticidade axiológica é necessária para que a humanidade tenha consciência dos valores que a realizam e dos antivalores que a desrealizam. O sistema dominante oferta valores que são antivalores encapuçados. Exalta-se o humanismo, mas prostitui-se a humanidade. Fala-se em nome da humanidade para conquistar adesão popular e submeter a sociedade ao silêncio e à dependência. A axiologia crítica desmascara propostas que se apresentam como defensoras da humanidade, com o intuito de subordiná-la.

A humanidade que se reavalia à luz dos valores substanciais tem o futuro em suas mãos. Valor autêntico assume a causa da humanidade. E defende a existência humana com sangue. Humanidade não se perde com a morte. Perde-se quando se trai o sentido da vida. Mas há esperança. Enquanto existir ser humano consciente e responsável, que se comprometa com os grandes valores, haverá humanidade decente.

Liberdade e ética

Liberdade e ética, binômio fascinante. A mentalidade medíocre vê apenas uma face do ser humano. A mentalidade sábia vê o ser humano em todos os seus aspectos. A mediocridade é disjuntiva: liberdade ou ética, ética ou liberdade. A sabedoria é conjuntiva: liberdade com ética e ética com liberdade. A visão estreita fragmenta o ser humano. A visão ampla é arquitetônica. Engloba liberdade e ética.

Liberdade e ética possuem reciprocidade positiva. Intercomunicam-se e interfecundam-se. A liberdade acelera a ética e a ética tonifica a liberdade. Interligadas, estimulam a "mútua criação".

A ética pressupõe a liberdade. A pedra, a planta, o animal e o homem coagido não exercem ato ético, porque não dispõem de liberdade. Onde falta a liberdade não há ética. Daí a importância da liberdade para a atividade ética. Por outra parte, sem ética, a liberdade pode adotar procedimentos tortuosos. A liberdade requisita referenciais éticos para mover-se com legitimidade. A ética oferece balizas aos passos livres. Valores éticos são flechas que apontam rumos à liberdade. A ética sinaliza trânsito aberto ou fechado para a arrancada da liberdade.

Liberdade e ética não são infalíveis. Podem tropeçar no percurso da vida. Estão sujeitas a falhas e a deformações. O eticismo é vazio de sentido. O autoritarismo ético veta inovações. A ética negativa proíbe iniciativas construtivas e condena atitudes lícitas. O fundamentalismo ético revela rigorismo patológico. Por outra parte, o libertarismo ilimita pretensões abusivas da liberdade. E não leva em conta a liberdade e os direitos dos outros. Também a liberdade pode ensandecer na irracionalidade.

A ética ditatorial avisa: "Aqui mando eu". E a liberdade destemperada ameaça: "Sou livre e faço o que quero". Ora, a ética tem a função de encaminhar a liberdade, e não de bloqueá-la arbitrariamente. E, por sua vez, a liberdade nem sempre pode justificar-se a si mesma, porque acerta, mas também desacerta. Não basta ser livre para ter o direito de fazer tudo o que é executável. Com liberdade fazem-se maravilhas, mas também faz-se o pior. Se bastasse ser livre para agir retamente, então matar com liberdade, estuprar com liberdade e rapinar dinheiro público com liberdade seriam procedimentos legítimos. Mas são execráveis. Apesar de livres, são totalmente imorais. Pico della Mirandola, protagonista do "humanismo orgulhoso", confessa que se pode fazer "uso funesto da livre escolha". Todo ser humano honesto reconhece que o direito à liberdade não sanciona ações criminosas praticadas livremente.

Sartre mostra que a liberdade é inerente ao ser humano. E, ao mesmo tempo, aponta o caráter ético da liberdade ao escrever que o "homem é livre porque, lançado no mundo, é responsável por tudo quanto fizer". A liberdade possibilita a ética, e a ética salvaguarda a liberdade. Liberdade madura não dispensa a ética, e ética lúcida não amordaça a liberdade. O sujeito humano unifica, em si, liberdade e ética. Não se deve divorciá-las. Há que mantê-las organicamente articuladas.

Orientar eticamente a liberdade não é aprisioná-la, mas consolidá-la. O mundo atual pede mais liberdade e mais ética. Juntas contribuem para que a humanidade seja autônoma e justa. Sem liberdade, a humanidade é submetida à escravidão. E, sem ética, é submetida a crueldades repugnantes. Rousseau diz que "só a liberdade moral torna o homem senhor de si mesmo". A humanidade, quanto mais livre, deve ser mais ética. E quanto mais ética, deve ser mais livre. E concretizemos, com o pensamento e as mãos, a utopia de uma nova humanidade livremente ética e eticamente livre.

Compromisso

Uma das características do ser humano é a capacidade de assumir compromissos. Comprometer-se é optar, é envolver-se, é responsabilizar-se. É empenhar-se radicalmente. Comprometer-se é arriscar-se. No compromisso, joga-se a própria vida.

O compromisso é ambivalente. Pode ser positivo ou negativo, benéfico ou maléfico. O ser humano pode comprometer-se com a defesa da vida ou com a destruição da vida, com a emancipação humana ou com a servidão social, com valores éticos ou com a criminalidade hedionda.

Muitos evitam o compromisso. Não querem comprometer-se para que não tenham de assumir as conseqüências de seus atos. Os neutralistas preferem a indiferença e a abstenção. Os vantagistas flutuam de acordo com a onda dos interesses mais suculentos. Os escorregadistas são evasivos e adaptam-se a qualquer situação. Os adesistas grudam-se ao poder dominante, abonam arbitrariedades e impunidades. Os covardistas praticam abusos sexuais e abusos político-econômicos, mas não os assumem.

Importa assumir o compromisso em sua legitimidade e profundidade. A medula do compromisso está na liberdade e responsabilidade. Comprometer-se é decisão pessoal. É assumir livremente causas, como ética, justiça, saúde, solidariedade, paz. Mas não basta optar livremente. O compromisso exige também responsabilidade. Liberdade e responsabilidade não são opostas nem excludentes. São aliadas. Reclamam-se mutuamente. A liberdade exige logicamente a responsabilidade. E a responsabilidade decorre logicamente da liberdade. O lúcido teólogo Xavier Thévenot diz que "a liberdade tem outro nome, que é a responsabilidade". Para ele, a responsabilidade é a outra face da liberdade. Compromisso é articulação orgânica entre liberdade e responsabilidade. Por isso, compromisso é fenômeno de coerência. Separar a liberdade da responsabilidade é desarticular o compromisso. É anulá-lo.

Compromisso exige tenacidade. Precisa de continuidade. Comprometer-se hoje e descomprometer-se amanhã é veleidade. Por natureza, o compromisso tende a perdurar. Compromisso pode ser oneroso, mas é criador. Quem se compromete ama o que assume. Compromisso é participação, e não passividade. Compromisso busca o novo, algo que ainda não foi realizado. Carrega salto utópico. Quem se compromete com alguma coisa não pode lamentar-se o tempo todo. Compromisso pode ter sabor amargo, mas não pode ser detestado. Quem se compromete há de sentir alegria por haver assumido o risco. Arrepender-se de compromisso eticamente construtivo é traí-lo. Comprometer-se é abraçar prioridades. Assume-se compromisso porque se opta por um valor de grande significado. Consciência madura não irá comprometer-se com resíduos. Daí a razão por que o compromisso revela qual é a escala de valores adotada pelas pessoas.

Comprometer-se é definir-se. Pelo compromisso, a pessoa revela quem é, de que lado está, a quem apóia, a quem rejeita. O compromisso permite avaliar pessoas e posições. Desmente farsantes e desmonta tratantes. Desmascara aqueles que prometem prioridade para a justiça social, mas aparecem sempre acolitando banqueiros, megaempresários e chefes de nações poderosas.

Há espetáculo deprimente. Pessoas e grupos substituem o compromisso pelo cinismo. Escarnecem compromissos, tramam golpes e justificam a corrupção. Há que atalhar esse processo patológico. E assumir o compromisso ético com a vida humana, com a justiça, com a independência nacional, com a libertação dos que sofrem na miséria. Compromisso autêntico é optar resolutamente pela dignidade da sociedade e pela sociedade da dignidade.

Humanismo e técnica

A relação entre humanismo e técnica continua a ser questão candente. O humanismo preocupa-se com a dignidade pessoal, com os valores fundamentais da vida humana. A técnica comanda a vasta e complexa produção tecnológica. O humanismo pensa o significado e a primazia do ser humano. A técnica fabrica equipamentos cada vez mais sofisticados. O humanismo cultiva a consciência, a liberdade, o diálogo, a subjetividade. A técnica movimenta o universo mecânico, o sistema eletrônico. Humanismo é *homo sapiens*, técnica é *homo faber*.

Daí, surgem duas mentalidades. A mentalidade humanista e a mentalidade tecnológica, mentalidade personalista e mentalidade instrumental. Isso provoca dois tipos de opção. Optar pelo humanismo ou pela tecnologia. Quem opta pelo humanismo prioriza o ser humano e relativiza a tecnologia. Quem opta pela técnica prioriza a tecnologia e relega o ser humano. Essa concepção é disjuntiva porque separa e antagoniza humanismo e tecnologia. E, assim, os que abraçam o humanismo, amaldiçoam a técnica. E os que endeusam a tecnologia depreciam o humanismo.

Essa posição é simplista, acrítica e acanhada. Revela incapacidade para entender que há realidades distintas que não são opostas. Por natureza, humanismo e técnica são aliados, e não adversários. É equívoco considerar humanismo e técnica como mundos dissociados e hostis. Pois o mesmo ser humano é capaz de personalizar-se e de produzir tecnologia. Também a tecnologia é herança humanista, porque gerada pelo homem.

A Teoria Crítica da Escola de Frankfurt trouxe notável contribuição ao pensamento filosófico humanista. Foi celeiro de pensadores como L. Friedeburg, Tillich, Bloch, W. Benjamin, Marcuse, Horkheimer, Adorno e Habermas. Horkheimer e Adorno analisaram a "razão instrumental", que produz ciência especializada e técnica. Impressionados com o avanço da razão instrumental, verificaram que a ciência especializada impedia a compreensão integral do ser humano.

Mas Habermas soube ver a totalidade da razão humana. Reconhece que a razão humana tem função experimental e instrumental, que leva a produzir tecnologia. Mas teve o mérito de mostrar que, além de "instrumental", a razão humana é também "comunicacional", dialogal, intersubjetiva. Por isso, a razão instrumental pode produzir ciências especializadas e técnicas, mas a razão intersubjetiva pode gerar "reflexão emancipatória", humanismo. Enquanto a razão funcional gera ciência experimental, a razão comunicacional gera ciências culturais e morais. A mesma razão humana, em níveis diferentes, produz ciência técnica e sabedoria humanista.

Nessa perspectiva, Todorov acentua a relação entre humanismo e técnica: "No cientismo utopista, os seres humanos, em vez de serem fins últimos, são transformados em meios. No cientismo técnico, os homens tornam-se instrumentos dos instrumentos, escravos de suas ferramentas... O humanismo não é contra a técnica como tal, mas é contra a técnica que deixa de ser meio para tornar-se fim".[1] O fim é o homem. Cabe à ética conferir sentido humanista à técnica.

[1]Todorov, T. *Le Jardin Imparfait*, Grasset, Paris, 1998, pp. 329, 334.

O verdadeiro humanismo inclui a tecnologia como instrumento que pode beneficiar a humanidade. Em si mesma, a técnica não desumaniza o ser humano. A tecnologia que produz armas nucleares, químicas e biológicas, é engendrada por agentes humanos que perderam o senso de humanidade. Não é a tecnologia que degrada o ser humano. É o ser humano perverso que manipula criminosamente a tecnologia para mutilar e aniquilar vidas humanas. O desumanismo não é procriado intrinsecamente pela técnica. É produzido por pessoas e grupos que utilizam a técnica para comandar mecanicamente a sociedade e servilizar a humanidade. Ser humanista não significa condenar e excluir a tecnologia. A ética humanista orienta o dinamismo da técnica para a maturação das pessoas e para o crescimento igualitário dos povos.

Bioética

"Bioética" é termo que deriva do grego. *Bios*, vida; *Ethos*, ética. Bioética é a ética da vida. Ética da vida vegetativa, animal e humana. Para salientar a bioética destinada à humanidade, poder-se-ia empregar a expressão "Bio-ântropo-ética".

O termo "bioética" foi adotado por Van Resenlaer Potter, em 1971. Entre os pioneiros da bioética estão o psiquiatra Williard Gayling, o filósofo Daniel Gallahan e André Hellegers. Em 1978, foi publicada a *Enciclopédia de Bioética*, elaborada por 280 autores.

A bioética oferece critérios éticos às ciências da vida. A bioética é mais ampla do que a ética médica e a ética biomédica. Inclui a reprodução por inseminação e fecundação artificiais, experimentação humana, transplantes, clonagem, eugenesia, esterilização, aborto, eutanásia, biotecnologia, engenharia genética, mudança de sexo, genoma humano.

A bioética estimula avanços científicos e tecnológicos que preservem e aperfeiçoem a vida, especialmente a vida humana. E também aponta a responsabilidade ética da ciência na intervenção artificial da vida. É positivo diagnosticar anomalias genéticas e aplicar geneterapia para eliminá-las. É alentador que a ciência crie técnicas de terapia genética para corrigir, eliminar ou substituir genes com defeitos. Contudo, promover aborto seletivo de certos fetos defeituosos não é terapia genética. Há que evitar procedimentos científicos que venham perturbar ou prejudicar a descendência humana. Hans Jonas adverte que a intervenção direta na estrutura genética pode acarretar riscos à espécie humana.

A bioética reconhece que a personalidade humana depende do código genético, mas sabe que personalidade não é apenas produto genético. A história do ser humano é elaborada por genes, mas também pelo psiquismo, pela inteligência, pelas escolhas livres e pela cultura. Daí a razão por que não há "fatalismo genético".

As ciências da vida avançaram muito no plano vegetativo, animal e humano. A recombinação de genes possibilita novos produtos de alcance nutritivo, farmacológico e de resistência a climas. Mas há que levar em conta também os efeitos nocivos, resultantes de intervenções científico-tecnológicas, que repercutem na vida humana.

A engenharia genética pode aperfeiçoar e desenvolver qualidades humanas. Fala-se em produzir o "super-homem". Mas requintar grupos de elite e abandonar grupos que vegetam em condições subumanas é discriminação social e racista pós-moderna. A clonagem humana é cientificamente possível. "Clonar humanos não é questão de técnica, mas de ética", lembra Fátima Oliveira. Importa avaliar as conseqüências psico-éticas dessa sedutora "autogênese". A ciência pode produzir seres "humanos" broncos, que trabalhem muito sem reclamar direitos trabalhistas. Pode produzir seres "humanos" ferozes e cruéis, aptos para a guerra e o terrorismo. E pode produzir seres "humanos", com cérebro atrofiado, para estocar órgãos utilizados em transplantes. Tudo isso exige reflexão profunda e responsável.

Em 26 de junho de 2000, foi anunciado o seqüenciamento do genoma humano. De um lado, estava em curso o Projeto do Genoma Humano (PGH), conduzido por países ricos, entre os quais Estados Unidos, Inglaterra, Alemanha, França e Japão. De outro lado, comparecia a empresa Celera Genomics com adesão de companhias e laboratórios de peso.

O anúncio do mapeamento dos genes humanos marcou fase histórica na ciência e na humanidade. Informou-se que o genoma humano estava mapeado em 85% dos genes. Mais importante do que a leitura dos genes é conhecer a função precisa dos genes. Eric Lander, diretor do Centro para Pesquisa Genética do Instituto Whitehead, em Cambridge, Estados Unidos, diz que é fundamental "descobrir o papel de cada gene". Também Walter Gilbert, Nobel de Química, 1980, e professor da Universidade de Harvard, participou do seqüenciamento do PGH. O cientista esclarece: "No momento em que tivermos a seqüência, teremos algo próximo de uma lista dos genes, mas ainda não é entendê-los, saber o que cada um faz, por que está ali – isso vai demorar".

No passado, acentuou-se que o ser humano era "produto do meio". Agora, tende-se a explicar a totalidade do ser humano pelos genes. Mas não há determinismo genético. Segundo Lander, nos últimos cinco mil anos, os genes humanos tiveram pouca modificação. No entanto, a humanidade operou grandes mudanças e obteve arrojados avanços científicos e tecnológicos. E Lander indaga: "Até que ponto podemos classificar as pessoas com base nos genes?". Não se deve restringir a potencialidade humana à dinâmica genética.

O grupo Celera Genomics insiste em patentear genes. Poderosas empresas querem adquirir o direito sobre os genes pesquisados, como se fossem mercadoria. Projetam faturar dólares com a propriedade dos genes. Preocupados com a humanidade, cientistas argumentam que os genes humanos não são resultado de "invenção" científica. Os genes são *descobertos* pela pesquisa, mas *não criados* por ela. Patentear genes é "eugenia comercial", diz Geremy Rifkin. Para ele, "os genes humanos devem ser mantidos como bem comum da humanidade". A ética há de rebelar-se contra o *mercantilismo genético*.

A pesquisa do genoma humano aponta possibilidades positivas para o futuro da humanidade, mas inclui também riscos. O cientista Lander aconselha cautela para evitar alterações genéticas que podem afetar o equilíbrio da espécie humana: "Os reparos genéticos precipitados poderiam causar mais estragos do que benefícios".

Perante a pesquisa do genoma humano, há que evitar o euforismo ingênuo e o pessimismo negativista. Há que adotar ética crítica que estimule a pesquisa genética responsável e preserve o valor do ser humano. Cabe à ética propor à pesquisa genética referenciais axiológicos. A bioética estabelece reciprocidade entre ciência e ética. Nem ciência sem ética, nem ética sem ciência. Enquanto a ciência e a ética estiverem comprometidas com a vida e com a dignidade da espécie humana, haverá futuro de esperança para as pessoas, as raças e os povos.

Transmutação dos valores

Em 25 de agosto de 2000, ocorreu o centenário da morte do filósofo Friedrich Nietzsche. Além de filósofo, Nietzsche declarava-se psicólogo e poeta. Era espírito inteligente, versátil e irreverente. Mais propenso à paixão do que à racionalidade. Diz: "Racionalidade contra o instinto é força perigosa que mina a vida".

Pode-se sintetizar o pensamento de Nietzsche numa trilogia: *Vontade de Potência*, *Transmutação de Valores* e *Eterno Retorno*. Nietzsche identificava-se com Dioniso, a figura da vida, da força, da criação, do devir, do prazer e da alegria. E o "ateu" proclama: "Essa fé é a mais elevada de todas as fés possíveis. Eu a batizei com o nome de Dioniso". Nietzsche propunha-se estruturar nova humanidade. Buscava o "super-homem" que se afirma. "Sou um guerreiro por natureza." Martelo que quebra a pedra. "Não sou homem, sou dinamite."[2]

Em *Origem da tragédia*, Nietzsche enaltece os valores estéticos, sobretudo a música: "Para dizer música a palavra é Veneza". Exalta a cultura francesa pela tonalidade psicológica, como em Maupassant, Anatole France, Stendhal. Ama Pascal, mas considera que o cristianismo o "assassinou gradualmente". E comemora sua afinidade com Voltaire.

Nietzsche agride os alemães. Ataca Kant, Leibniz, Hegel, Fichte. Em *Ecce Homo*, diz: "Onde chega a Alemanha, corrompe-se a cul-

[2]Nietzsche, F. *Ecce Homo*, Guimarães Editores, p. 161.

tura".[3] A fúria antigermânica explodia porque, na época, os alemães não valorizavam Nietzsche. Mas o filósofo revida: "Um dia se dirá que Heine e eu fomos os melhores artistas da língua alemã". E com auto-estima anuncia: "Dia virá em que apareça ligada ao meu nome a memória de alguma coisa de formidável". E mais: "Ofereci à humanidade o livro mais profundo que ela possui, *Zaratustra*". E provocante: "Sinto um medo espantoso de que um dia me canonizem".

Por outra parte, Nietzsche despreza fracos, pobres, "decadentes". Reduz o problema operário "à estupidez ou degeneração do instinto".[4] E acusa cristãos e anarquistas, que ajudam os trabalhadores a reivindicar "o direito, a justiça e a igualdade". Nietzsche discrimina a mulher: "A mulher é indiscutivelmente mais má que o homem. É rancorosa porque é fraca... A luta pela igualdade dos direitos é sintoma de doença... Emancipação da mulher significa ódio instintivo da mulher infecunda contra a mulher fecunda".[5]

Nietzsche levanta também perspectivas de alto e longo valor. "Tudo que é devir e crescimento, tudo que assegura o porvir requer dor."[6] E doente, "com a cabeça dolorida e coberta de compressas", Nietzsche dita o livro *Humano, demasiado humano*, a Peter Gast, que o "escrevia e corrigia". É têmpera de ser humano obstinado.

Nietzsche diz que "nasceu no presbitério", porque seu pai era pastor evangélico. Acusa Lutero, "esse monge fatal", e o sacerdote como nocivo à humanidade. Para Nietzsche: "O cristianismo é crime contra a vida", e é "a metafísica de verdugos".[7] "As religiões são coisas de populacho." O filósofo escarnece de "amor ao próximo", "compaixão", "religião". Diz: "A compaixão degenera em coisa de gentalha".

Nietzsche coloca seu ponto de vista: "Para mim, ateísmo é forma estrutural de ser". E acrescenta: "A idéia de Deus foi composta contra a vida".[8] No livro Terceiro de A *gaia ciência*, o "Insensato"

[3]*Id.*, *ib.*, p. 61.
[4]*Id.*, *Crepúsculo dos Ídolos*, Ed. Hemus, p. 93.
[5]*Id.*, *Ecce Homo*, p. 83, 84.
[6]*Id.*, *Crepúsculo...*, p. 110.
[7]*Id.*, *Ecce Homo*, p. 169; *Crepúsculo...*, p. 47.
[8]*Id.*, *Ecce Homo*, pp. 48, 172.

procura Deus. E pergunta: "Aonde foi Deus?". E declara: "Nós o matamos, vocês e "eu"... Deus está morto".[9] E houve consternação. O "Insensato" interroga-se: "Como pudemos esvaziar o mar?".

Pode-se "matar" Deus com palavras e com procedimentos que o negam. Pode-se ficar sem Deus. É situação trágica. Mas, apesar disso, Deus permanece vivo. Não é eliminado porque é negado. Nietzsche revela-se ambíguo. Embora enfoque a religião como "erro" de interpretação, escreve: "O mais profundo da vida se traduz de maneira religiosa". Parece que o filósofo foi "afetado" por Cristo. Não consegue esquecer o universo religioso.

Nietzsche preocupa-se com a moral. "O problema da genealogia dos valores morais é para mim problema de primeira importância que implica o futuro da humanidade."[10] Mas avisa: "Sou o primeiro Imoralista: assim sou destruidor por excelência". Nietzsche prega a "Transmutação dos Valores". Para ele, todos os valores morais, crenças e idéias existentes são realidades falsas, ainda que tidas como "virtuosas". São "Ídolos" que devem ser demolidos, porque estão impedindo o surgimento do homem novo. E os valores da vida devem substituí-los. Nietzsche rejeita a "moral cristã". "A moral cristã é verdadeira catástrofe." É a moral de Circe, a feiticeira que transforma seus companheiros em porcos e cães. É moral que "se vinga da vida", acusa o filósofo.

Nietzsche abomina a moral tradicional "parasita", "vampirismo" que suga sangue humano e quer valores novos que garantam vida, nutrição e habitação. É exigência justa. Zaratustra diz que "os chamados bons são os últimos homens". E denuncia: "Vós nascestes e fostes educados nas mentiras dos bons".[11] Há verdades na fala de Zaratustra.

A avaliação crítica reconhece que, através da história, o cristianismo usou moralismo negativista e descurou de valores vitais. E Nietzsche teve razão em defender a prioridade dos valores da vida.

[9] *Id.*, *Le Gai Savoir*, Mercre de France, Paris, nº 125, pp. 179-181.
[10] *Id.*, *Ecce Homo*, p. 115.
[11] *Id.*, *Ecce Homo*, p. 166.

Mas a avaliação crítica reconhece também que o filósofo revelou sectarismo em relação ao cristianismo. Pois, em muitos momentos históricos, cristãos assumiram a causa da vida com destemor e sangue. Há que reconhecer méritos e deméritos no cristianismo e também reconhecer méritos e deméritos em Nietzsche. Houve descortino quando o filósofo falou em "O Novo Partido da Vida", para que haja moral da vida. E houve também grandeza em cristãos perseguidos e triturados, em várias frentes, porque defenderam a dignidade da vida. É salutar promover a transmutação de valores esclerosados no plano filosófico, sociocultural, ético e religioso.

Nietzsche proclama: "Considero-me o primeiro filósofo trágico. Prometo uma idade trágica". Ele exclui o "Evangelho dos Pobres" e opta pelo homem forte, o "homem meu". E interpela: "Compreenderam-me? Dioniso que defronta o Crucificado...".[12]

Há paradoxo que leva a refletir. Em dezembro de 1887, Nietzsche está angustiado, vive "tensão" e confessa que "o deserto ao meu redor é aterrorizador". Nietzsche perdeu a lucidez. Viveu os últimos onze anos na demência. Tragédia existencial. Em obra densa, Heidegger registra que nos primeiros dias de 1889 a loucura assaltou Nietzsche. No dia 4 de janeiro daquele ano, Nietzsche escreveu uma carta a seu amigo Peter Gast, como último sinal: "Ao meu maestro Pietro. Canta-me um canto novo: o mundo está transfigurado e todos os céus se alegram. O Crucificado".[13]

"O Crucificado." Ironia? "Novo céu e nova terra?" Pode-se pensar que há afinidade entre a "moral da vida" apregoada por Nietzsche e o "Evangelho da Vida" ofertado por Cristo. O "Crucificado" prototípico, Cristo, o "Vivente", vem repartindo "vida exuberante" através dos séculos. E respondeu antecipadamente ao desafio de Dioniso. É indispensável que haja autêntica transmutação de valores para que se garanta vida plena aos "pobres" e fracos, e não só aos "fortes". Ou a ética assegura o valor da vida a todo ser humano ou deixa de ser ética da vida.

[12] Id., *Ecce Homo*, p. 173.
[13] Heidegger, M. *Nietzsche* I, Gallimard, p. 22.

Capítulo XI

GLOBALIZAÇÃO

Bote certeiro

A sociologia estudava obrigatoriamente o "controle social". Tratava-se do controle exercido por instituições, pela família, escola, trabalho, religião, normas. O filósofo Gilles Deleuze enxergou mais longe. Antecipou-se ao surto da globalização. Analisou filosoficamente a "sociedade de controle". O controle social era controle "disciplinar". A sociedade de controle é mais abrangente. Passou-se do controle disciplinar para a sociedade de controle, passou-se do controle nacional para o controle planetário. Este controle é estrutura transnacional que padroniza pessoas e povos.

A sociedade de controle adotou forma de novo imperialismo para dominar o mundo. O controle globalizado avassala pessoas, sociedades e nações. Atua intensamente através da informação mundializada. Agências geradoras e distribuidoras de informações estão nas mãos de grupos poderosos que produzem e difundem mensagens de acordo com seus interesses.

A sociedade de controle age também por meio do poderio militar concentrado nos países mais ricos. Esse militarismo aterrador, já conhecido e experimentado, dissuade oposições, intimida Estados e arrasa países, alegando que intervém por motivos de humanidade.

Outra expressão da sociedade de controle é o mercado mundial, que vem acumulando poder econômico e político compressivo. J. Habermas salienta que, hoje, o mercado não está incorporado ao Estado nacional, mas são os Estados nacionais que estão incorporados ao mercado mundial. "Todo o planeta é seu domínio", escreve M. Hardt. E quem discorda desse mercado globalizado é triturado. "O diabo é às brutas", diz Guimarães Rosa.

O controle mundializado age com argúcia e simpatia. Lança ao mundo imagens sedutoras e produtos aliciantes. E, de fato, a tecnologia moderna oferta maravilhas que encantam a população. Não se pode condenar a tecnologia pelos avanços que produz. Condenável é utilizá-la para manipular e dominar a humanidade. A sociedade de controle introjeta na população desejos delirantes e atitudes massificantes. Atiça o imaginário paradisíaco e gera a impressão de que não há mais fome, não há mais desemprego, não há mais miséria. E a população é levada a reproduzir e a defender aquilo que lhe é implantado no consciente e no inconsciente.

Atualmente, o controle é sorrateiro. Evita espantar os clientes. Diz Deleuze que a toupeira "cega", que habita túnel subterrâneo, é substituída pela serpente faceira. A sociedade de controle reedita a serpente arquetípica do Gênesis: "Vocês não morrerão, vocês serão deuses".

Muitos extasiam-se com a sinuosidade da serpente. A serpente desliza mansamente, mas o bote é certeiro. O bote do desemprego, o bote das privatizações alucinadas, o bote da especulação financeira. Os incautos são facilmente capturados pelas malhas do controle mundializado. Há os que aplaudem os botes da sociedade de controle. São os ingênuos embevecidos ou apatetados. São multidões caudatárias. Vestem a mordaça macia do controle globalizado. E sentem-se felizes porque não percebem que estão sendo a rabeira da história dos magnatas.

A sociedade de controle é desafio. Reclama rigorosa análise crítica. É indispensável interpretar o sentido de "controle" e de "descontrole". Habitualmente, "controlado" é entendido como equilibrado, e "descontrolado" como desequilibrado. Assim, o sentido de controlado aparece legítimo e favorece a pressão exercida pelo poder dominante. E o sentido de descontrolado aparece como ilegítimo e sujeito a condenações. Mas essa visão é truncada. Exala autoritarismo. A verdade plena mostra que controlado pode significar escravizado. E "des-controlado" pode significar não-controlado, libertado.

Há controle maléfico que submete a sociedade à servidão. E há *des-controle* benéfico que elimina o controle opressivo. *Des-controlar* pode alijar controle que avilta o ser humano. Há situações em que controlar é amarrar, e *des-controlar* é desamarrar; em que controlar é impor normas arbitrárias, e *des-controlar* é quebrar o controle mantido pela estrutura social injusta.

Há necessidade de lutar para *des-controlar* o sistema controlado por minoria poderosa, que determina os rumos da humanidade. Des-controlar não é agir destemperadamente. É rebeldia legítima que estala o controle pós-moderno, e despadroniza o pensamento, a liberdade, a criatividade e a convivência humana. Nessa perspectiva, des-controlar é emancipar.

Globalização

O fenômeno da "globalização" abriga diversos significados. E carrega ambigüidade a ser desfeita mediante avaliação crítica. Globalização expressa o sentido de universalidade. Fala-se também em mundialização e planetarização.

Globalização sugere processo orgânico que envolve a humanidade toda. É abertura para a terra habitada. A globalização pode ser cultural, política, econômica, social e religiosa. E pela desterritorialização, o centro do poder pode estar *no* país, sem ser *do* país.

A globalização neoliberal desenvolveu-se a partir de 1980. Acelerou conquistas tecnológicas, mas também estagnou povos. Uma revista alemã especializada sintetiza o perfil da atual globalização, nestes termos: "Produz onde os salários são mais baixos, pesquisa onde as leis são mais generosas e aufere lucros onde os impostos são menores". Enquanto as transnacionais acumulam riquezas, populações pobres acumulam miséria.

A globalização transnacional estrutura conglomerados poderosos que comandam decisões mundiais e impõem normas rígidas aos governos nacionais. Octávio Ianni mostra que a globalização transforma "a soberania nacional em figura de retórica". Chefes de Estado alardeiam independência, mas são executores da economia mundializada. As empresas transnacionais ditam regras aos países, exigem abertura de mercado e geram desemprego alarmante. E quem se insurge contra a "nova ordem mundial" é penalizado.

O progresso científico e tecnológico continua em ascensão também na era pós-moderna. E isso é avanço. Mas a globalização, que está sendo praticada, não realça a humanidade. Alastra, pelo mundo, sistema político-econômico nocivo. Segundo Stephen Mennell, o "campo magnético" dos mais fortes imanta a adesão dos mais fracos. E Norbert Elias salienta o "gancho" estrutural da minoria hegemônica que arrasta e domina a maioria dos países subalternos. A atual globalização fortalece corporações e debilita nações, concentra riquezas de um lado e pobreza de outro lado. Robert Kurz considera que a economia global não sobreviverá às "reações desesperadoras dos homens '*cuspidos*' do mercado". O conceituado sociólogo Alain Touraine diz que, ao globalizar-se, a economia divorciou-se da sociedade. E Michel Camdessus declarou, em setembro de 1999, que é necessário "humanizar a globalização". Em outubro de 1999, John Williamson, autor do *Consenso de Washington*, referindo-se aos resultados perniciosos da globalização aplicada rigorosamente no Brasil, declara: "Bem, de fato isso é um nó. É muito ruim. E as conseqüências para o país podem ser muito infelizes". Apesar de tudo, reconhecer a verdade é mais sensato do que escondê-la.

A globalização que circula com ar avassalador é despotismo da oligarquia transnacional. É globalização gigantesca pela voracidade lucrativa, mas tacanha em sua visão ântropo-histórica. Analistas internacionais apontam a atual globalização como totalitarismo econômico ou mercado totalitário. A globalização neoliberal é concretização do totalitarismo capitalista na era pós-moderna.

Daí por que se fala em novo imperialismo. Não o imperialismo do passado, movido por estados e nações, mas o imperialismo mundializado, regido por conglomerados privados transnacionalizados. A globalização vigente não é "pós-capitalista". É hipercapitalista. Não veio para substituir o capitalismo, mas para impô-lo ao mundo todo. Em expressão condensada, Alex Fiúza de Mello escreve: "Aliás, nunca, como nos tempos do globalismo, houve tanto capitalismo".[1] A maturidade crítica rejeita a globalização, que força a humanidade a ajoelhar-se aos pés do ídolo econômico.

Espetáculo hediondo

Para analisar um fenômeno social, político e econômico, exigem-se senso crítico e honestidade. Senso crítico para apreender o significado objetivo da realidade. E honestidade para que o fenômeno não seja subestimado nem hipervalorizado. Discute-se, por exemplo, a validade da privatização. Pode haver privatização benéfica ou prejudicial.

Prometeu-se que o resultado das privatizações beneficiaria a educação e a saúde. Mas educação e saúde não viram a cor do dinheiro. Privatizaram-se estatais lucrativas, mas não se privatizam estatais deficitárias que oneram o Estado. Privatiza-se porque o Estado não deve ter monopólios, mas os consórcios compradores de estatais instauram gigantescos cartéis. Privatiza-se para que haja competição no mercado, mas as corporações associam-se em megafusões e neutralizam a competição.

Privatiza-se porque não haveria recursos públicos para investir nas estatais. Mas há recursos públicos para financiar compra de estatais e para reequipá-las depois de privatizadas. Com a privatização de oito usinas siderúrgicas, o governo arrecadou US$ 3,918 bilhões. Após essas privatizações, no período de 1994 a 2000, o Banco Nacional de Desenvolvimento Econômico e Social (BNDES) emprestou às usinas siderúrgicas privatizadas US$ 3,8 bilhões. Esse volumoso empréstimo concedido pelo BNDES quase cobre a despesa de compra dessas usinas. Felizardos compradores.

Privatizou-se apressadamente para aderir ao modelo do *Consenso de Washington*. Entretanto, Joseph Stiglitz, economista-chefe do Banco Mundial, de 1996 a 1999, advertiu "contra a privatização

[1]Revista *Vozes*. Vol. 94, 2000, p. 120.

rápida". E acusa o *Consenso de Washington* de estimular exageradamente a privatização, como se fosse receita divina. E o próprio autor desse *Consenso*, J. Williamson, faz revisão de seu documento e, em 1º de outubro de 1999, declara que a privatização pode ser benéfica ou prejudicial. Diz Williamson que "os benefícios das privatizações dependem muito da maneira como são realizadas". E referia-se explicitamente também ao Brasil. Mas o governo insiste em justificar o injustificável.

A privatização da Telebras patenteou procedimentos desonestos. Em fevereiro de 1997, Sérgio Motta anunciava que o valor integral da Telebras, para privatização, era de R$ 80 bilhões. Em 1998, a Merrill Lynch, uma das maiores instituições financeiras e de consultoria do mundo, calculou que o valor da Telebras poderia chegar a US$ 91,8 bilhões e, numa projeção realista, poderia atingir o valor de US$ 72,27 bilhões. Apesar dessas avaliações, a Telebras foi ofertada, para privatização, pelo preço mínimo de R$ 13,47 bilhões. Privatização que mais parece doação do que venda. Hoje, a população tem consciência de que a história das privatizações no país é tortuosa. E apesar da maciça publicidade a favor da privatização da Telebras, a maioria de 51% da população foi contra essa privatização.

A privatização da Telebras transformou-se em símbolo aviltante. Compradores felizes festejaram a conquista das "jóias" da Telebras. Enquanto isso, na rua, brasileiros que protestavam contra a privatização foram escorraçados, houve manifestante ensangüentado, mulher espancada, derrubada, chutada no chão. Espetáculo hediondo. De um lado, a apoteose dos compradores da Telebras, comemorada também pelo governo eufórico e, de outro lado, gente do povo esbofeteada. O governo mostrou-se mais preocupado em agradar aos compradores de estatais e em garantir-lhes segurança do que em resolver problemas cruciais da população submersa na miséria. Para alguns setores, lugar de pobre é na mendicância, palavra de pobre é silêncio, direito de pobre é submissão, hora de pobre é nunca, vez de pobre é morrer. Mas, no dia em que os pobres se rebelarem contra a prepotência, não será fácil esbofeteá-los.

A pesquisa "Revisão do Papel do Estado e Privatizações", divulgada em dezembro de 2000, mostra resultado frustrante das privatizações de 1989 a 1999. Nesse período, o país arrecadou US$ 92,6 bilhões com as privatizações. Mas US$ 80 bilhões deles foram gastos para cobrir os custos das "moedas podres". Restou ao país o saldo de UR$ 12,6 bilhões. Nesses dez anos, as privatizações de estatais cortaram 546 mil empregos. Em dezembro de 1999, as empresas estrangeiras já possuíam 52% das 500 maiores empresas privadas do Brasil.[2] O tipo de privatização adotado pelo governo brasileiro foi danoso à nação.

A privatização foi excelente negócio para os compradores, mas não para o país. Patrimônios imensos e lucrativos, edificados com o trabalho do povo, foram privatizados a preços aviltados. O presidente do grupo Portugal Telecom declarou que comprar o controle de uma empresa como a Telesp é negócio que só acontece uma vez no século. Assim, perpetua-se a espoliação colonial. Enquanto os arrematadores dos leilões sugam a mina das estatais, o governo festeja o "entreguismo".

Explosão de protestos

Nos anos 80, alastrou-se o neoliberalismo. Falava-se em nome da modernidade. E, mais tarde, o governo brasileiro submeteu-se apressada e servilmente ao modelo neoliberal. Acontece que a globalização não era aquilo que prometia ser. Começaram a surgir, por toda a parte, contestações sólidas a esse modelo. E o ídolo neoliberal foi perdendo a sedução inicial.

A conferência da Organização Mundial do Comércio (OMC), ocorrida em Seattle, Estados Unidos, no fim de 1999, revela nova face. Logo no início, estoura inesperada e impetuosa reação, movida por cidadãos, por jovens, sindicalistas, religiosos e ONGs. Houve protestos, quebra-quebra, choque com a polícia e prisões. Foi insur-

[2]*Estado de Minas*, Economia, p. 4, 5/12/1999.

reição contra os poderosos mundiais que dominam países fracos e espoliam populações pobres. Os grandes ficaram desconcertados. A reação gerou pânico, porque estalara precisamente nos Estados Unidos, potência econômica, tecnológica e bélica. Radicais gritavam: "Quem usa gravata gosta de nó no pescoço: vamos enforcá-los". Nova humanidade insurgia-se contra o sistema neoliberal, que aprofunda a desigualdade e amplia o desemprego.

Muitos que haviam sido atraídos pela miraculosa globalização, sentiram-se logrados. Tentaram justificar-se ou inocentar-se. Uma revista brasileira anuncia: "Cai a máscara dos ricos".[3] Outra revista grafa: "Pau na globalização".[4] O *Estado de S. Paulo*, jornal conservador, diz que, em Seattle: "Novidades importantes foram a pressão de organizações civis e dos cidadãos comuns".[5] Algo de novo estava acontecendo.

Certo jornalista, favorável ao governo, confessa: "O Brasil fez toda a lição liberal nos anos 90. Abriu as fronteiras, suas bolsas de valores, privatizou as estatais, aboliu o controle de preço. Não adianta". Não adiantou mesmo. Mas o governo continua responsável por haver subordinado o país ao modelo neoliberal, profundamente desumano. A explosão de Seattle mostra o clamor da imensa humanidade ferida pela globalização, que beneficia os poderosos e prejudica os fracos. Aliás, não há sistema melhor para os grandes ricos do que a globalização neoliberal. Por isso, ganha as bênçãos gordas dos detentores da riqueza concentrada. Um articulista simpático ao governo diz que a globalização traiu o país. Não é exato. A globalização é coerente, segue a lógica implacável de seus interesses. Se traição houve, deve ser atribuída ao governo e a seus aliados, internos e externos, que cortejaram a globalização e expropriaram a nação brasileira. Entregaram covardemente o país e fazem-se de vítimas.

O "espírito Seattle" espalhou-se. Em abril de 2000, em Washington, houve protestos contra o FMI e o Banco Mundial. Milhares de manifestantes enfrentaram a polícia e denunciaram as desigualdades sociais, sobretudo em países pobres.

[3]*Veja*, 8/12/1999.
[4]*IstoÉ*, 8/12/1999.
[5]*O Estado de São Paulo*, 5/12/1999.

Em 1º de maio de 2000, no centro de Londres, explodiu protesto contra a globalização neoliberal. Milhares de manifestantes entraram em conflito com a polícia e condenaram a globalização, que fortalece os ricos e amplia a miséria dos pobres. O protesto de Londres é mais uma ironia da história. Essa insurreição contra a globalização irrompeu precisamente na Inglaterra, que foi foco irradiador do neoliberalismo, propalado por Thatcher.

Em junho de 2000, na cidade francesa de Millau, realizou-se protesto "antiglobalização", com milhares de participantes vindos de vários países. O tema do protesto sublinhava: "O mundo não é mercadoria".

No fim de setembro de 2000, em Praga, República Tcheca, desencadeou-se um protesto articulado contra a reunião do FMI e do Banco Mundial. Multidões bloquearam o prédio do encontro, por várias horas. Uma faixa dizia: "Pessoas, não lucros".

Perante a explosão dos protestos mundiais, o FMI, o Banco Mundial e outras instituições "converteram-se" aos pobres. A "Cúpula do Milênio", realizada em Nova Iorque, em 2000, prometeu diminuir a miséria. Em Praga, 2000, Koehler, diretor-gerente do FMI, declara: "O mais urgente é a pobreza, que ameaça a estabilidade". Wolfensohn, presidente do Banco Mundial, anuncia: "Nosso objetivo é reduzir a pobreza". K. Dervis, economista do BIRD, diz que a pobreza "hoje é questão central". Assustados com os protestos, os promotores do megacapitalismo sentem-se obrigados a confessar que a pobreza está dizimando seres humanos.

Em janeiro de 2001, realizou-se a reunião anual do Fórum Econômico Mundial em Davos, Suíça, preocupado em consolidar o poder econômico mundial da minoria mais rica. Na mesma data, realizou-se o I Fórum Social Mundial em Porto Alegre, Brasil, enfocando principalmente as necessidades sociais da humanidade atual.

Em Davos, houve repressão, barreiras e arame farpado para impedir os protestos contra o Fórum Econômico. "Davos transformou-se quase em '*estado policial*' ", disse Lori Wallach, do Global Trade Watch. E Yolanda Piniel, da ONG Declaração de Berna, informa: "Davos está completamente sitiada". A indiana Vandana Shiva, de

ONG incluída no Fórum de Davos, espantou a assembléia, porque deveria falar sobre o "contragolpe à globalização", mas disse o oposto: "A globalização é que é um contragolpe a princípios fundamentais, como o respeito a direitos humanos".

Enquanto explodiam críticas ao Fórum de Davos, o governo brasileiro tentava ironizar e frustrar o Fórum Social de Porto Alegre. O prefeito de Tóquio, Japão, Shintaro Ishihara, declarou, em Davos, que os EUA e o FMI praticaram "um estupro" contra países do Leste Asiático em 1997/1998. O presidente do Banco Central do Brasil, presente ao Fórum Econômico, defendeu o FMI. Servilismo fiel.

A humanidade sofredora fala também através dos protestos. Protestar é direito do ser humano. Às vezes, o último recurso que resta aos pobres e excluídos é protestar. O protesto mostra que, embora pisada, a humanidade não está morta. Mas o poder arbitrário procura sufocar o protesto popular com a polícia e com informações distorcidas.

O Fórum Social de Porto Alegre foi marco histórico. Teve suas limitações. Mas revelou vasta humanidade, vinda de 120 países, que se organiza para promover sistema social que beneficie a todos os povos. Essa humanidade não se amedronta nem se cala. Exige seus direitos vitais e quer reaver o espaço que lhe pertence. São grupos diversificados que lutam pela sobrevivência da humanidade e assumem a causa dos excluídos.

É necessário sair da neutralidade e definir posições. A economia tem sua função na sociedade. Mas não se pode reduzir o ser humano a mercadoria. A prioridade cabe à humanidade, e não à economia da riqueza concentrada. Onde houver desigualdade perversa e servidão social, a consciência crítica e ética há de rebelar-se e protestar, para a grandeza dos que dignificam a humanidade e para vitupério dos que a degradam.

Autonomia nacional

A humanidade é o universo do inter-relacionamento. A interação realiza-se entre pessoas, entre grupos e entre nações. A humanidade não pode fragmentar-se no isolamento. Pessoas e países não devem ilhar-se. É necessário buscar o inter-relacionamento legítimo e fecundo. E rejeitar o intercâmbio entre dominadores e dominados, que fortalece o poderoso e subordina o fraco.

O inter-relacionamento autêntico exige que haja autonomia nos parceiros. No intercâmbio justo, o ser humano afirma-se em sua autonomia e acata a autonomia do outro. Quando a autonomia de um grupo destrói a autonomia de outro, o relacionamento deixa de ser sadio para ser patológico. E isto deve valer também para as nações. A nação deve ser autônoma e respeitar a autonomia de outra nação. Interferir em outro país é negar-lhe a autonomia. Nação que dita normas a outro país é colonialista. Estado que invade bélica ou economicamente outro Estado pratica violência internacional.

Em 1998 surge o AMI, o Acordo Multilateral de Investimentos. O AMI foi pensado, a partir de 1995, pelos 29 países mais ricos do mundo e criado em maio de 1998. Esse acordo foi costurado sigilosamente. Mas conseguiu-se cópia confidencial dele, que foi divulgada pela Internet.

O AMI quer garantir, de modo absoluto, os interesses do capital internacional produtivo e especulativo. Pretende atuar em qualquer parte do mundo e em todos os setores dos países, usufruindo "tratamento nacional". Exige liberdade total para entrada e saída de capital; não aceita cláusulas que obriguem país desenvolvido a transferir tecnologia a país subdesenvolvido; não aceita a obrigação de usar mão-de-obra e produtos nacionais do outro país. Não permite que o Estado favoreça preferencialmente setores e empresas nacionais. Ameaça levar os transgressores de suas normas a Tribunal Internacional. O arrogante AMI pretende sobrepor-se às nações e regulamentar a ação dos governos. Houve protestos indignados contra esse acordo, sobretudo no Canadá.[6]

Quem acompanhou os acontecimentos no final da década de 90 pôde perceber que o governo brasileiro foi ampliando sucessivamente as concessões ao capital estrangeiro. Afinou-se com as exi-

[6]Cadernos do Terceiro Mundo, nº 208, set./out., 1998.

gências do AMI. Não se trata de mera coincidência. Houve passos de submissão aos investidores internacionais.

Manter inter-relacionamento com os países do mundo é necessário. Mas há que ser relacionamento de autonomia, e não de subordinação. É inadmissível que a nação tenha de "ouvir" instâncias internacionais para tudo. É deplorável que haja mais preocupação em garantir os interesses estrangeiros do que em responder às necessidades gritantes do povo brasileiro.

Celso Furtado aponta rumos: "Se você se coloca numa perspectiva histórica, verá que cada povo tem a necessidade de abrir seu próprio caminho. Nossa briga na América Latina foi abrir espaço para pensar com autonomia". O sociólogo francês Alain Touraine escreve: "O Brasil terá de contar com suas próprias forças". É hora de o povo brasileiro exigir a posse de sua autonomia. Não é hora de entregar-se nem de entregar o país. Há que respeitar os outros países, mas também fazer-se respeitar pelas outras nações. O sadio nacionalismo é valor a ser preservado e cultivado. O nacionalismo lúcido consolida a identidade sociocultural dos brasileiros.

Para garantir sua independência, a população terá de rebelar-se contra a crescente dominação imposta pela expansão neocapitalista. É hora de erguer a fronte e assumir a autonomia nacional.

Globalizar a dignidade humana

A atual globalização neoliberal, predominantemente econômica, impõe à humanidade padronização rígida, que favorece os interesses de minorias poderosas e estrangula as necessidades das maiorias empobrecidas. Mas pode haver "globalização" que beneficie a humanidade em seu todo.

O lingüista crítico norte-americano Noam Chomsky, professor no Massachusetts Institute of Technology, define a globalização vigente como "mercantilismo das corporações", onde decisões sobre relações sociais, econômicas e políticas são, cada vez mais, centradas em instituições privadas, sem nenhum mecanismo de controle social. Não se pode entregar o destino da humanidade ao "mercantilismo das corporações", que reduz seres humanos a mercadorias. Importa contestar e afastar resolutamente a globalização que arruína milhões de vidas humanas.

Com razão, Robert Kurz sugere: "O que nos falta é a globalização de nova crítica social". Pois a globalização integral deve abranger a humanidade toda, em seu volume demográfico, na diversidade de raças, culturas, políticas, economias e religiões. A verdadeira globalização defende e projeta a vida, a liberdade, a nacionalidade, a autonomia, as aspirações, os direitos fundamentais, a participação e a dignidade de todos os povos. Ninguém tem o direito de dominar ou excluir parte da humanidade para salvaguardar sistema comprovadamente desumano.

A genuína globalização garante espaço ao pensar alternativo e abre caminhos para soluções originais e até divergentes. A consciência da humanidade exige globalização pluralista que inclui pessoas, raças e nações diferenciadas, mas sem hostilidade. A globalização criadora fomenta o crescimento dos povos, sem sectarismo. E sabe reconhecer o valor humano e o pensamento especulativo no cientista e no "selvagem", como o demonstra Claude Lévi-Strauss. A globalização autêntica é heterogênea e não se filia ao "pensamento único". Associa unidade com diversidade. E mobiliza a interação entre "igualdade e diferença", como diz Arjun Appadurai. Referindo-se à globalização dialogal, o dramaturgo Augusto Boal fala em "nova realidade onde se busca unificar a humanidade, mas não uniformizar os seres humanos". Esse é o rumo.

A legítima globalização universaliza "a preocupação com a humanidade", escreve Mike Featherstone. Contempla a totalidade dos 6 bilhões de habitantes no mundo. Buscamos a globalização que respeite o ser humano em qualquer parte do mundo, sem usá-lo como combustível nem descartá-lo como lixo. Buscamos a globalização que assegure vida, nutrição, trabalho, igualdade e autodesenvolvimento a todas as sociedades. Buscamos o olhar mundializado que mira o universo humano sem exclusões. "O sonho de um ecumenismo secular", na feliz expressão de Friedrich Tenbruck. É urgente promover a globalização polifraterna que coloque a humanidade toda como prioridade em relação a valores subalternos.

A humanidade não pode capitular e submeter-se a um sistema desumanizante. Cabe-lhe reavaliar-se, definir seus passos e concretizar projeto de vida para todos. É preciso sustentar intransigentemente a primazia da espécie humana no mundo. E articular, em dimensão planetária, inteligências e ações para estruturar e disseminar a globalização *politônica*. O grande compromisso é globalizar a dignidade humana.

Capítulo XII
SOCIOPATOLOGIA

Desigualdade afrontosa

Há linguagem que lida com "diferença" e "desigualdade" como se fossem sinônimas. Mas seus significados no plano filosófico, antropológico e sociológico são distintos e inconfundíveis.

"Diferença" acentua o sentido de talento, de caráter, de valores originais de cada ser humano. Daí a diferença de cultura, raças, religiões, línguas e tradições. "Desigualdade" revela o sentido de distância entre os seres humanos. De um lado, os superiores; de outro lado, os inferiores. A diferença é salutar e a desigualdade é nociva. A diferença possibilita o entendimento, e a desigualdade bloqueia a compreensão.

A era em que vivemos exige que se analise, com rigor, a malignidade contida no fenômeno da desigualdade, em âmbito mundial e nacional. O Relatório "Erradicando a Pobreza Humana", divulgado pela ONU, em 16 de outubro de 1998, revela que as 225 pessoas mais ricas do mundo possuem bens equivalentes ao que possuem 2,5 bilhões de seres humanos pobres na terra. Alan Greenspan, presidente do Banco Central dos Estados Unidos, cita dados "estarrecedores" apresentados por Ignácio Ramonet no jornal *Le Monde Diplomatique*, em novembro de 1998: as três pessoas mais ricas no planeta possuem fortuna superior à soma dos PIBs dos 48 países mais pobres do mundo. Esse quadro dramático perdura porque a pobreza e a desigualdade continuam em ascensão.

Em setembro de 2000, o Banco Mundial confirmou que os 20% mais ricos do mundo possuem 80% da riqueza mundial. E, em janeiro de 2001, o *Financial Times* informa que os 10% da população mais rica do mundo detêm 70% da renda total no planeta. James Wolfensohn, presidente do Banco Mundial, declara que o problema da América Latina não é de crescimento econômico, mas de distribuição do crescimento. Prometia-se, enfaticamente, que o crescimento econômico eliminaria a desigualdade nefasta. A professora Frances Stwart, de Oxford, mostra que os fatos estão desmentindo essa tese falaciosa. A desigualdade vem agravando-se com o crescimento econômico e com a concentração de riquezas, na era da globalização. E Wolfensohn reconhece que a desigualdade entre ricos e pobres é ameaça que pode provocar "fratura social".

O Brasil continua campeão de desigualdade no mundo. Segundo dados do IBGE, publicados em 2001, 1% da população mais rica detém 13,1% da renda nacional, e os 50% da população mais pobre detêm 14% da renda total. Assim, apenas um milhão e setecentos mil brasileiros possuem quase a mesma renda de oitenta e cinco milhões de brasileiros. Documentos do Banco Mundial, disponíveis no Encontro de Praga, em setembro de 2000, mostram que o Brasil mantém a maior desigualdade, excetuados os paupérrimos países de Serra Leoa e República Centro-Africana. O problema do Brasil não é tanto falta de riqueza, mas excesso de desigualdade. O país é potência econômica. Não é país pobre, mas país de pobres.

A classe dominante no Brasil impede qualquer tentativa de distribuição de renda. Quando se fala em distribuir migalhas de renda para suavizar a desigualdade, levanta-se resistência histérica e não se concede nada. Poderosos lobistas dominam o Congresso Nacional. E para consolidar as vantagens da desigualdade, a casta senhorial cancela até os magros direitos trabalhistas conquistados com sofrimento e sangue. A "Casa-Grande" gostaria que o trabalhador pagasse para trabalhar. Mas pagar com quê? Com a vida, é claro. Ou com a morte.

Fato paradigmático confirma a realidade. No ano 2000, p. ex., o salário mínimo foi fixado em 151 reais. Houve compreensível indignação. O ministro da Fazenda comparece em público para justificar o humilhante salário. E alegou que o salário mínimo era suficiente para adquirir a cesta básica, e ainda sobrariam 20 reais. Foi provocação repulsiva. Para o ministro, não vale a Constituição que, além da alimentação, inclui, no salário mínimo, "moradia, educação, saúde, vestuário, higiene, transporte, previdência social". O ministro incentivou a descumprir a Constituição e ridicularizou 14 milhões de brasileiros que, segundo o IBGE, recebem salário mínimo. Já se sabia que, para ele, vale mais submeter-se às imposições do FMI do que solucionar as necessidades gritantes dos trabalhadores pobres.

A desigualdade é componente da estrutura socioeconômica brasileira. Não está aí por acaso nem por acidente de percurso. Não é fruto do destino. A desigualdade é sistema tramado por artífices humanos. É arquitetura social elaborada pela inteligência humana. É produto histórico de injustiças crônicas, perpetuadas por agentes pessoais e por organizações político-econômicas. Estudo do Instituto de Pesquisa Econômica Aplicada (IPEA), publicado em setembro de 2000, revela que o pobre paga mais imposto do que o rico no Brasil. Isto "contribui para a manutenção de distribuição desigual de renda e dos níveis de pobreza".

A desigualdade é gerada pelas injustiças. Para superar a nefasta desigualdade, é necessário erradicar a lógica da injustiça que biparte a sociedade em ricos e pobres. Essa injustiça não é "inocente". Ela fortalece poderosos e empobrece os fracos. É preciso ter a coragem de reconhecer que há tácita e sólida aliança entre injustiça e detentores do poder econômico e político. Há injustiça lucrativa. Por esse motivo, dificilmente a desigualdade, gerada pela injustiça, será eliminada pelos que se beneficiam com ela. Usufrutuários da desigualdade podem até condená-la verbalmente, contanto que ela perdure e lhes renda dividendos. Daí a razão por que somente a rebelião do povo espoliado e consciente poderá estalar os redutos da injustiça e extirpar a desigualdade afrontosa.

Miséria antropofágica

A miséria não é apenas resultado da sociedade injusta. É também antropofágica. Devora seres humanos. A miséria crônica é fenômeno sociocultural que poderia, e deveria, ser evitado.

Segundo relatório publicado pelo Banco Mundial, no fim de setembro de 2000, o número de habitantes que vivem com menos de 1 dólar por dia passou de 1,2 bilhão em 1987 para 1,5 bilhão em 2000. E 2,8 bilhões de habitantes, quase a metade da humanidade, vivem com renda inferior a 2 dólares por dia. Com 502 milhões de habitantes, a América Latina e o Caribe abrigam 177 milhões de pobres. A pobreza está aumentando na era da globalização.

Também no Brasil aumentou a pobreza. O Instituto de Pesquisa Econômica Aplicada (IPEA) publicou, em outubro de 2000, que a pobreza cresceu em 1999, alcançando 54,1 milhões de brasileiros. No Rio de Janeiro, adultos e crianças refugiam-se em galerias pluviais. Em São Paulo, pobres escondem-se em cavernas ou "mocós". Segundo a FIPE, há 8.408 moradores de rua na capital paulista.

Comprovou-se trabalho escravo no Pará, Mato Grosso, Maranhão, Tocantins e também no Sudeste do país. Em quatro anos, de 1995 a 1999, equipes do Ministério do Trabalho libertaram 974 trabalhadores escravos. Há trabalho infantil em carvoarias, garimpos, canaviais. Crianças sofrem mutilação nas mãos na colheita do sisal cortante.

O Brasil tem 14 milhões de crianças e adolescentes na miséria. Crianças e adultos caçam restos de alimentos nos lixões para sobreviver. Moradores de Timbaúba, Pernambuco, capturam ratos e os cozinham para aliviar a fome. Maria das Dores Conceição justifica: "A gente come para não morrer de fome". E conclui desolada: "Nós somos mais ratos do que os próprios ratos". O poeta João Cabral atesta: "Se somos severinos, morremos de fome um pouco por dia".

A fome aniquila o ser humano. Ao discutir Freud, Ernst Bloch mostra que a necessidade prioritária é a nutrição, e não a prática sexual. Pode-se sobreviver sem ato sexual, mas não sem alimentação. Por isso, as pessoas acossadas pela fome consomem restos podres para não morrer. A fome alucina consciências e desespera vidas. O Brasil tem estado entre as 10 maiores potências econômicas mundiais. Mas ocupa o 69º lugar, entre 162 países, no "Índice do Desenvolvimento Humano", segundo o Relatório da ONU, divulgado em julho de 2001. Está abaixo de Chile, Colômbia, Panamá, Líbia,

Tailândia. A partir do Relatório de Deepa Narayana, publicado em setembro de 2000, concluiu-se que "viver na pobreza é como viver na prisão". Também para milhões de brasileiros, que vivem na miséria, "é como viver na prisão".

Em *Grande Sertão: Veredas*, Guimarães Rosa escreve: "O senhor sabe: tanta pobreza geral, gente no duro... um sujeito magro, amarelado, farraposo... aquele era casado, pai de família faminta. Coisas sem continuação".[1]

Os pobres estariam condenados a morrer de fome? "Sem continuação"? Miséria seria vontade de Deus? Não.

O sociólogo suíço Jean Ziegler, professor da Universidade de Genebra e da Sorbonne, em Paris, e agora relator da ONU sobre "direito à alimentação", revelou, em janeiro de 2001, que estudos da Organização das Nações Unidas demonstraram que a "produção agrícola do planeta" é suficiente para alimentar 12 bilhões de pessoas, o dobro da atual população mundial. Chegou a hora de abandonar racionalizações escapistas e reconhecer que é possível eliminar a fome que violenta o direito à alimentação de grande parte da humanidade.

Teimar em viver

Seria absurdo acusar os pobres de indolência e culpá-los pela miséria que os maltrata. A fome debilita a pessoa. Mas não se pode confundir anemia com preguiça. Josué de Castro esclarece, com precisão, que a "indolência" do brasileiro não é questão de preguiça, mas de fome. Com olhar encovado, rosto seco e corpo minguado, os pobres carregam a vida embrulhada em andrajos. Suportam agruras e trabalham "no duro". Labutam de madrugada à noite. E, espoliados por salários miseráveis, ainda geram riquezas para outros.

Os pobres são paradoxo. De um lado, empobrecidos, roídos por carências. De outro lado, revelam fibra no trabalho e teimosia em viver. Nos pobres, há misteriosa força oculta. Dentro da fragilidade, a

[1]José Olímpio Editora, p. 57.

coragem. Nos pobres, há contraste entre a pulsação interna que luta para sobreviver e o conformismo herdado da cultura de submissão.

Socioculturalmente, o pobre tem sido encharcado com alienação. Há política que modela o pobre para a submissão. Há pedagogia que ensina o pobre a cultuar os dominadores. Há ética que obriga o pobre a obedecer às autoridades, mesmo quando despóticas. Há religião que prega ao pobre paciência e resignação no sofrimento. Há cultura que domestica o pobre, repetindo-lhe que a corda sempre arrebenta do lado mais fraco.

A cultura dominante construiu a imagem de que o pobre é fraco, inculto e improdutivo. Contudo, apesar de desfalcado por todos os lados, o pobre é forte e abriga potencial criador. Embora sufocado por grandes necessidades, ainda conserva tenacidade para caminhar e trabalhar.

É tempo de quebrar a estrutura sociocultural que amordaça os empobrecidos. Na luta contra a miséria, os pobres desempenham tarefa de agentes. Não se pode substituí-los. Mas também não se deve abandoná-los. Deixá-los sozinhos é traí-los. A sociedade que ainda não perdeu a consciência e a sensibilidade é chamada a solidarizar-se profeticamente com os seres humanos espoliados. Há que ajudar os excluídos a emancipar-se da submissão, a reaver direitos sonegados, a expulsar a miséria antropofágica, a recuperar a dignidade usurpada e a viver como gente. Segundo Schiller, "a fome pode virar e revolucionar o mundo".[2]

O pobre é ser trágico. Mesmo triturado pela miséria, filtra grandeza humana. No corpo macerado do empobrecido, habita a densidade da espécie humana. No rosto sofrido do ser humano relegado, desliza a face de Deus. E, no dia em que o potencial subterrâneo das multidões pobres se rebelar, o mundo começará a ser outro.

Tecido sociopatológico

O tecido social pode ser sadio ou doentio. O tecido sadio é trabalhado pela dignidade humana, é fortalecido pela justiça, é articulado pela solidariedade e vitalizado pela convivência pacífica. O te-

[2]Apud Bloch, *op. cit.*, p. 87.

cido sadio inclui todos os habitantes na cidadania efetiva. O tecido doentio é sociopatológico. É socialmente enfermo. Tecido que decompõe a vida individual e coletiva. Reconhecer o avanço do tecido podre não significa que a sociedade toda esteja apodrecida.

Muitos espantam-se porque descobrem que o tecido social podre tem raízes profundas e ramificações extensas. Tecido podre na violência, nas chacinas, no narcotráfico. Tecido podre em setores que sonegam tributos devidos. Tecido podre em procedimentos do Banco Central, que socorre bancos privados caloteiros. Tecido podre na dispensa maciça de trabalhadores para ampliar os lucros de grandes empresas. Tecido podre no cancelamento de recursos públicos necessários à área social. Tecido podre no salário subumano que mantém famílias na miséria. Tecido podre aninhado em instituições tidas como ilibadas.

Os céticos duvidam de que se elimine o tecido social podre. Os fatalistas consideram que não há volta. O país estaria condenado à podridão. Os contagiados pelo tecido podre verificam que violentos, ladrões e corruptos levam vantagem. E, se o "crime compensa", aderem às quadrilhas. Os decepcionados pensam em substituir a democracia por ditadura. Os cínicos apontam indivíduos que roubaram, quebraram bancos, lesaram populações e continuam livres, ricos e cortejados. E perguntam: por que não aproveitar as generosas e fartas ofertas da podridão?

A maioria da população brasileira não está contaminada por esta podridão. Muita gente busca a retidão e rejeita o tecido podre. Em parte, a saúde do tecido social está nas mãos da população. A indignação é necessária para varrer a corrupção. Seria ignominioso permitir que o tecido podre envenenasse as veias do país. A sociedade precisa insurgir-se e atalhar o apodrecimento político, econômico e social. Respeitar o ser humano, sim. Abonar crimes, não. Ser intransigente com a deterioração social é optar pela sobrevivência da humanidade limpa.

Questão medular

A sociedade é um todo complexo, com diversas dimensões como economia, política, direito, educação, saúde, comunicação, moradia, cultura, tecnologia, ética. A sociedade é constelação de necessidades e funções. Todas as dimensões devem ser reconhecidas e cultivadas. Não basta satisfazer algumas exigências e carências, e relegar outras.

Há hierarquia nas dimensões da sociedade. Uma dimensão não pode excluir outra, mas pode ter prioridade sobre outra. A atividade econômica e a subsistência social são dimensões indispensáveis. Não há nação que possa prosperar sem economia. Mas a economia não pode ser hegemônica. Entre a economia e o social, a primazia cabe ao social. O social é fim, e a economia é meio. Atualmente, a economia está sendo colocada como prioridade absoluta na sociedade. Está sendo superposta às exigências sociais. Mas é o social que deve ter primazia sobre o econômico. O social abrange as exigências vitais da população. A economia deve estar a serviço do social, e não o social a serviço da economia. Colocar o fator econômico como prioridade é estimular a concentração de riquezas e depauperar aqueles que possuem renda menor. Não se trata de abolir a economia, mas de comprometê-la preferencialmente com as necessidades básicas da vida humana.

O atual modelo econômico globalizado garante os interesses e privilégios de minorias poderosas e condena vastas áreas populacionais à pobreza cruel. Perante essa ignomínia, levantam-se vozes mundiais para exigir que o social seja colocado em seu devido lugar. Em 1995, em Copenhague, a Cúpula Mundial sobre o Desenvolvimento Social, com participação de 180 países, propôs a erradicação da pobreza. Em 1997, em Luxemburgo, a União Européia realizou a Cúpula Social e debateu o desemprego. E, em abril de 98, o insuspeito Banco Mundial declarou que houve países que aderiram à globalização e cresceram economicamente, mas não reduziram sua pobreza. O bolo cresceu, mas não foi repartido. O filósofo norte-americano R. Rorty diz que "as atuais desigualdades não são compatíveis com a globalização". O sociólogo R. Kurz afirma que o atual sistema de mercado "rouba a cidadania da população". Para o sociólogo francês Rosanvallon, o maior problema hoje é "a exclusão social". O economista Celso Furtado diz que o Brasil precisa garantir a "prioridade social".

Há ilogismo repugnante. Neoliberais ortodoxos querem o Estado do Bem-Estar reduzido e fraco para evitar gastos com as necessidades sociais dos pobres. Mas querem o Estado forte e generoso para acolchoar financeiramente bancos, privatizações, dívidas indecorosas, negociatas políticas.

A humanidade está exigindo soluções para suas necessidades sociais. A consciência humana reclama o direito de viver com dignidade, e não admite ser posposta pelo absolutismo econômico. O direito social de viver deve antepor-se à pirataria da especulação financeira. A humanidade consciente há de insurgir-se contra qualquer sistema que obrigue povos a agonizar em situações subumanas. Aí está questão medular que já detona explosões sociais. Fazer prevalecer a primazia do social é forma de redirecionar o fenômeno econômico e de assegurar a prioridade da pessoa sobre o mercado.

Capítulo XIII
HETEROSSOCIOGÊNESE

Povo vanguardeiro

Perante estruturas autoritárias, injustiças crônicas e decomposição social, experimenta-se sensação de impotência. Há momentos em que a sociedade esbarra em muralhas. Sente-se tolhida, anulada. Desalentada, pensa que não adianta lutar. Impedidos de reagir, alguns refugiam-se na passividade. Outros aderem ao sistema dominante e consolidam a frustração da sociedade. O contágio da impotência espalha inércia, e o povo desiste de cobrar o direito que lhe foi usurpado.

Contudo, é necessário reagir. Absorver impotência é suicídio. O primeiro passo para superar a impotência é suscitar inconformismo. A discordância crítica provoca fraturas no sistema que sufoca o potencial criador da sociedade. E, assim, as pessoas emergem da impotência e substituem a complacência conivente pela resistência destemida. Há que desaprisionar o surto criador que está cativo no subsolo humano. E compreender que a subjetividade individual e coletiva é barragem energética, e não refúgio de medo e apatia.

Para transcender a inibição da impotência, é necessário lutar. Sociedade que perde a capacidade de luta caminha para a sepultura. A impotência enterra gente viva, mas a luta desenterra a rebelião da existência soterrada. Um povo define-se pela coragem de sublevar-se em favor de causas justas. Desistir de lutar é apressar a derrota.

Para manter o povo em estado de luta, é preciso mudar de perspectiva. A prioridade cabe ao povo, e não aos governantes. Não é a sociedade que está a serviço do Estado, mas é o Estado que deve colocar-se a serviço do povo. É criminoso sacrificar as necessidades da população para favorecer os interesses dos grupos hegemônicos.

Para o atual sistema, é proibido contestar a globalização capitalista, é proibido criar alternativas, é proibido priorizar a humanização dos pobres. Mas há que repetir: "É proibido proibir". É hora de estalar o cativeiro. Importa ser nação independente.

Traidores emplumados mercadejam a nação. Desnacionalizaram a economia para beneficiar o capital transnacional. Desnacionalizaram a cultura brasileira para diluir a resistência nacional. Desnacionalizar o povo brasileiro é agressão repugnante. É desfibrar-lhe a identidade etnológica. É necessário cultivar lúcida consciência nacional. Conviver com outras nações, sim. Mas submeter-se a imposições neocolonialistas, nunca.

O povo brasileiro não pode encolher-se para subordinar-se. Há que ser povo desatado, livre e criador. Povo original, e não reflexo dos outros. Povo que faz a história de sua emancipação, e não a história de sua servidão. Povo que se autoconduz. Não é preciso que venham dizer-lhe o que pode fazer e o que não deve fazer. Povo germinação. Povo que se arrisca para concretizar projeto de vida para todos os brasileiros. Povo que madruga na estrada. Povo protagonista. Povo vanguardeiro.

Heterossociogênese

A realidade negativa, que cancera o país, não deve afundar a população no pessimismo, mas conduzi-la ao otimismo realista. O verdadeiro otimismo é necessário para gerar nova sociedade. Para isto, há que eliminar os falsos otimismos.

O otimismo eufórico vive de emoções soltas. O otimismo narcisista usufrui o bem-estar individualista. O otimismo ingênuo alardeia ufanismo. O otimismo evasivo foge da realidade cruel para não inquietar-se. O otimismo racionalizante alega que dramas sociais existem também em outros países. O otimismo fatalista promete soluções mágicas.

Os otimismos alienados mascaram os fatos negativos, mistificam o povo e adiam soluções urgentes. Mas o otimismo inconformado e criativo procura reelaborar o tecido degenerado da sociedade. O otimismo sociogenético reconhece que a realidade social é desumana, mas luta para transformá-la. Rebela-se contra situações degradantes para reumanizar a sociedade. E encoraja o povo a agir, sem esperar por governos cúmplices da iniqüidade. Albert Camus escreve advertência irônica e atual: "Os bons governos são aqueles em que nada acontece". Contudo, é preciso exigir e cobrar do poder público o cumprimento daquilo que é devido à população, por justiça.

De modo geral, há sociogênese nos países. Mas é necessário definir criticamente o tipo de sociogênese que é praticado. A homossociogênese reproduz a atual sociedade injusta e desigual. A heterossociogênese elabora sociedade diferente, que não reproduz o sistema nocivo que está em vigor.

Os detentores do poder mundial intensificam o sistema neocapitalista homogenético para perpetuar a sociedade que os beneficia, sem mudar-lhe a substância. A homossociogênese impõe ao mundo a ortodoxia totalitária do capitalismo globalizado. Obriga a humanidade a adotar modelo econômico e político único, que privilegia a minoria rica e poderosa em detrimento da maioria pobre e dependente.

A heterossociogênese promove a criação da sociedade diferente, e não apenas nova. Busca a sociedade alternativa que arranca a miséria injusta e planta a justiça igualitária. A heterossociogênese suscita o crescimento da humanidade toda, consolida o pluralismo das culturas e nações, emancipa os países monitorizados. Quebra o cerco homogenético e articula caminhos heterogenéticos.

A heterossociogênese impulsiona a criatividade do povo. Articula pessoas, grupos, organizações e movimentos para superar o desalento e sanear a "situação catastrófica", na expressão de Goldstein. Acorda a insubmissão. Fratura a servidão. Cria paradigmas sociais inéditos. Arquiteta outro mundo. A heterossociogênese estrutura uma sociedade diferente, onde viver com liberdade e pão seja direito fundamental de todos os seres humanos, e não privilégio de alguns.

Vertente da esperança

O ser humano apresenta vertente retrospectiva e vertente prospectiva. A vertente retrospectiva conserva. Acumula experiências, saber e valores. Mantém o passado. É memória. A vertente prospectiva cresce. Avança, amadurece. É "tempo aberto". Projeta-se no futuro. É o "ainda-não-realizado". É esperança.

Esperança é aspirar. É buscar o que falta. É gerar o "novo". É ter os olhos voltados para o futuro. Esperança é "sonho de quem está acordado", diz Aristóteles. Para Kierkegaard, esperança "é paixão pelo possível". Segundo Moltmann, a esperança orienta "para aquilo que ainda não tem lugar e que pode vir a tê-lo".[1] O filósofo Ernst Bloch escreve: "O importante é o olhar carregado de esperança, que é o olhar da função utópica".[2]

A esperança leva a querer algo mais. É "antecipação criadora". A esperança tem rosto novo. É madrugada, e não crepúsculo. Jamais "envelhece". Esperança é o mundo factível. Antecipa aquilo que ainda não é realidade. É o futuro que ainda pode ser convertido em história viva.

Esperança é pluridimensional. A esperança psicológica suscita aspirações, almeja mundo de justiça e paz. Sem esperança psicológica, a pessoa melancoliza-se e seca. A esperança ético-social deposita confiança nos outros. Apóia-se em pessoas e grupos. Segundo Sartre, o "desespero" é não poder contar com o outro. A esperança ético-social acredita na correspondência da intersubjetividade.

Esperança antropológica é o ser humano nômade. Desloca-se. Desdobra-se. Inventa-se. Deixa de ser o que era para chegar a ser o que ainda não é. A esperança abre espaço ao pensar, ao decidir, ao buscar, ao mudar. É gênese. O homem-esperança é o peregrino que caminha, é o artífice que tece o existir. Se não houvesse esperança, o homem seria tempo fechado. Estacionário. Sem esperança, não se vive, não se trabalha, não se inova.

[1]Moltmann, J. *Teologia da Esperança*, Herder, 1971, p. 13.
[2]Bloch, E. *Le Principe Esperance*, Gallimard, 1959, p. 178.

Esperança é também fibra ontológica. A esperança ontológica embasa a esperança antropológica. Não basta ter esperança. É preciso *ser* esperança. O homem vive *de* esperança, acredita *na* esperança, mas sobretudo *é* esperança. Esperança é o salto do devir existencial.

Esperança é também práxis. Desencadeia o agir. Promove mudanças sociais, culturais e históricas. É energética que impulsiona a sociogênese. A esperança "é afeto militante", escreve Bloch. É luta, e não repouso. Sem esperança, a humanidade perde a iniciativa. Embota-se.

O desespero "negativo" angustia e dilacera o ser humano. Retorce-lhe a vida e deixa-lhe as raízes desenterradas. Mas o desespero "positivo" é aliado da esperança. Pois desesperar da injustiça e da corrupção é construtivo. Desesperar da informação mistificante e das soluções ilusórias é maturidade. Desesperar da imoralidade é atitude ética. O desespero crítico é salutar. Não se deixa enganar.

Esperança autêntica é exigência criadora, e não consolo alienante. É equívoco pensar que a esperança existe para amortecer sofrimentos. Muitos sofrem carências e passam fome, mas consolam-se com a "esperança" de que um dia as coisas vão melhorar. Esse tipo de esperança anestesia as vítimas da injustiça. Há que passar da esperança conformista para a esperança sublevada.

A esperança é discreta, mas obstinada. É arroio. Filete de água que se avoluma e projeta arrojo criador. "A filosofia da esperança concentra-se na linha de frente no processo do mundo."[3] Esperança é vertente prospectiva que suscita passos para a gênese da nova humanidade.

Lógica da paz

Paz é aspiração congênita ao homem. É preciso analisar a paz com espírito crítico. Pois há paz legítima e paz falsa.

Paz significa o que é integral, o que plenifica a vida. Paz é harmonia com Deus, com o cosmo, com os outros seres humanos e com

[3]*Id.*, *ib.*, p. 242.

a própria pessoa. É processo interminável. Paz é constelação de valores, é síntese de bens, é sintaxe de dimensões existenciais. Paz é orquestração sociocultural. É sinfonia inacabada, arte social. A verdadeira paz gera a coesão orgânica da humanidade.

A pseudopaz mascara a realidade. A paz hipócrita dos que "falam em paz, mas trazem a maldade no coração", diz o Salmista. Paz que mantém os escravos submissos. Paz que amacia a exploração para torná-la tolerável. Paz que engana os pobres com promessas que jamais se realizam. Paz malandra que trai compromissos e mela as reivindicações dos fracos. Paz que perfuma charcos para que não se sinta a podridão social. Paz untuosa que anestesia consciências para imobilizar os revoltados. A paz bastarda tem sido utilizada para amortecer insatisfações populares.

A paz autêntica contém densidade humana. É paz da consciência inocente, dos justos que fazem o bem, dos profetas que se arriscam pelos outros. Paz que estimula o diálogo fraterno. Paz que promove a liberdade e elimina a servidão, que afasta o narcisismo e pensa nos sofredores. A paz fértil inclui emprego, salário familiar, saúde, nutrição, moradia, escola e segurança. Sem a garantia desses valores indispensáveis, a sociedade não pode ter paz. É moralismo vazio prometer paz aos que nada têm para sobreviver. Há momentos em que protestar é paz, e silenciar é antipaz.

Existe a lógica da paz. Para instaurar a paz, é preciso promover recursos e atitudes que gerem a paz. Todos querem ter paz. Até os assassinos e os corruptos. Mas nem todos estão dispostos a assumir os caminhos que levam a construir a paz. Querer usufruir a paz, sem semeá-la e sem cultivá-la, é ilogismo. É impossível ter paz quando se derrama sangue humano, quando se vive esmagado pela injustiça e humilhado pela miséria. Onde está a paz para seres humanos que são vítimas da fome impiedosa? Isso é orfandade social, e não paz. Onde está a paz para famílias despejadas brutalmente e que choram seus barracos derrubados por tratores? Aí há desespero, e não paz.

A justiça é valor basilar para a paz. "O fruto da justiça será a paz" (Is 32,17). Em geral, pede-se paz, mas não se busca a justiça que fundamenta a paz. Há os que clamam pela paz, mas não querem eliminar as injustiças que esfarelam a paz. Querer paz sem desmontar a injustiça é contradição. Pretender casar paz com injustiça é incoerência. É necessário estabelecer aliança orgânica entre justiça e paz. Pois paz é estilo de vida elaborado a partir da justiça. Em sociedade estrangulada pelas injustiças, a lógica exige que se coloque a justiça como esteio da paz.

O mundo precisa de paz. Mas paz não é produto de mercado. Paz é respiração da vida, é colheita farta, é sorriso de criança. Paz é humanidade alegre, espontânea, confiante. Sem paz, a humanidade é sombria, é reticente. Se falta paz, questione-se a consciência da humanidade. A humanidade é responsável pela germinação da paz e pela extinção da paz. A nascente da paz está nas decisões humanas comprometidas com o crescimento equilibrado das pessoas e dos povos.

A paz é dialética porque se constrói com trabalho e luta, com tenacidade e solidariedade. Paz não é sossego. Não é concordismo, nem cumplicidade. Paz requer bravura. Assume a verdade, a vida, a liberdade. Importa edificar paz sólida, e não hedonista, paz substancial, e não ornamental. A paz pode carregar marcas de sofrimento. A paz pode trazer lágrima no rosto, cisco nos olhos, amor desfeito, noites indormidas, passos tropeçados, buscas frustradas, soluços abafados.

Apesar de contextos ásperos, pode-se tecer paz madura. *Paz dignidade* que preserva a identidade humana. *Paz solidária* que abraça os excluídos. *Paz resistência* que não se esfiapa. *Paz audácia* que não se amedronta. *Paz ensangüentada* que testemunha o direito. *Paz limpa* que não suja a ética. *Paz profética* que encarna a justiça. *Paz rebelada* que não se dobra. *Paz esperança* que convida a fazer mais um passo. *Paz estética* que revela a face bela da nova humanidade.

Nômade

Os filósofos G. Deleuze e F. Guattari analisam a "desterritorialização" como fenômeno criativo. Desterritorializar é desligar do território. É deixar um território para alcançar outro. O ser humano é errante. É transitivo. Não permanece atado a um ponto fixo. Ficar preso ao território lembra o "general" que dita posições e comanda a tropa. Desterritorializar sugere a "matilha" que se espalha por linhas de fuga.

Desterritorialização não se refere apenas ao deslocamento espacial ou geográfico. É mais que sair de um lugar para outro. Deleuze e Guattari apontam "linhas de desterritorialização pelas quais se corre sem parar". É sair de um estilo de vida. É refugar situações históricas e superar condições sociais. É mudar a mentalidade. É passar da ingenuidade à criticidade, do conformismo à participação.

A desterritorialização cronológica leva a pessoa a sair de uma era para viver o território de outra era. Há pessoas que viajam geograficamente pelo mundo afora, mas não mudam de "tempo". Não mudam a cabeça. Não chegam ao amanhã. Permanecem no "ontem".

Há que passar do território da apatia e da neutralidade para o território da opção e do compromisso. Importa deixar o território da mentalidade conservadora, e iniciar o território da mentalidade inovadora. É necessário ultrapassar o território da cultura tanatológica, que mantém aliança com a morte, e fertilizar o território da cultura "erótica", que faz germinar múltiplas formas de vida. Há que sair do território da homogênese, que reproduz o idêntico, e ativar o território da heterogênese, que gera o diferente e o alternativo.

Há que largar o território das políticas oligárquicas grudadas aos privilégios do poder, para desbravar território político que resgate os direitos básicos da população. É hora de abandonar o território da cultura clonada, e inventar território que responda às novas aspirações socioculturais.

Há que dizer adeus ao território do moralismo proibitivo e repressivo, e buscar o território da ética vitalista, que promove a realização integral das pessoas e da sociedade. Há que sair do território da sexualidade "estratificada" ou alucinada, e passar ao território da sexualidade vivida livremente e assumida responsavelmente.

Sair do território religioso emocionalista e individualista, e andar pelo território do autêntico sentido religioso, movido pela Fé e comprometido com a justiça. Passar do ranço inquisitorial para o território da pesquisa teológica arejada, conduzida pelo Espírito, que "sopra onde quer".

Sair do território arrasado pela miséria e envergonhado pela fome. E enveredar pela terra que "mana leite e mel". Sair do território carcomido pela injustiça, pisado pela servidão social e dobrado pela subserviência internacional. E implantar o novo território da justiça, da solidariedade, da emancipação social e da paz.

Há muito que desterritorializar. Há que alijar a mentalidade submissa. Há que emergir. E aventurar-se. E dizer a primeira palavra. E arriscar o primeiro passo. E fazer o primeiro salto. Há que peregrinar infatigavelmente. E estalar estruturas. E originar nova humanidade. Lançar sementes mais adiante. Irrigar chão seco. Recolher colheita farta. Nutrir desnutridos. E festejar a vida. Há que ser nômade seduzido por novos horizontes.

ÍNDICE